AF368100

ÉMANCIPEZ VOS COLONIES

*

EMANCIPATE YOUR COLONIES

JEREMY BENTHAM

TEXTES ANGLAIS ET FRANÇAIS

Éditions Nielrow - 2019

Dijon - France

ISBN : 978-2-490446-10-0

ÉMANCIPEZ VOS COLONIES !

ADRESSÉ A LA

CONVENTION NATIONALE DE FRANCE

1793

MONTRANT L'INUTILITÉ ET LA NOCIVITÉ DE POSSÉDER DES DÉPENDANCES ÉLOIGNÉES POUR UN ÉTAT EUROPÉEN

BY

JEREMY BENTHAM,

MEMBRE ÉMINENT DE LINCOLN's INN,

MIS EN VENTE POUR LA PREMIÈRE FOIS EN 1830

ÉDITION BILINGUE

FRANÇAIS – ANGLAIS

**TRADUIT DE L'ANGLAIS
PAR
NIELROW**

TABLE / CONTENTS

AVANT PROPOS

Dans cet appel, ce tract, cette exhortation, Bentham argumente sur trois points : l'économie, la politique, et le droit. Utilitarisme oblige, la partie où il démontre l'objet de son discours est la plus longue, et la plus difficile à comprendre. Il faut dire que Bentham se montre parfois hermétique et ne s'encombre pas de préjugés ni d'idées toutes faites et qu'il tient un discours de sa logique qui ne souffre pas d'exceptions sans fondements. Discours dans lequel transpirent ses idées modernistes sur l'esclavage, la liberté, la démocratie, le droit des hommes, toujours en osmose avec leur utilité sociale dans une économie de marché libre.

Si ce texte est peu connu en France à laquelle il s'adresse pourtant, il n'en demeure pas moins un chef-d'oeuvre d'argumentation, que Bentham écrivit en anglais, peut-être pour rester international dirait-on aujourd'hui, mais qu'il aurait pu écrire en français ; on peut avancer une hypothèse là-dessus : ce texte pouvait alors s'adresser également aux Britanniques, aux députés anglais, qu'il fustige en quelques endroits.

Nielrow

Jeremy Bentham

ÉMANCIPEZ VOS COLONIES DISCOURS ADRESSÉ À LA CONVENTION NATIONALE DE FRANCE EN 1793

Vos prédécesseurs ont fait de moi un citoyen français[1], et c'est en cette qualité que je m'adresse à vous. La guerre vous menace de partout[2], aussi vais-je vous donner le moyen de vous en sortir : ÉMANCIPEZ VOS COLONIES ! Vous réagissez ; mais écoutez plutôt, et vous en accepterez l'idée. Je le répète, émancipez vos colonies. La justice, la raison, la politique, l'économie, l'honneur, la générosité, réclament que vous vous en rendiez compte. A faire des conquêtes, vous ne faites que courir une course à l'ambition vulgaire. Émanciper, et vous vous frayez un chemin nouveau vers la gloire. La conquête appartient aux armées ; émancipez, la conquête sera la vôtre et une victoire de vous-mêmes, sur vous-mêmes. Car offrir la liberté aux dépens des autres n'est qu'une conquête déguisée ; vous élever au-dessus des conquérants, doit être votre sacrifice. Je vais vous en donner les raisons, qui ne manquent pas, si vous voulez bien m'écouter : certaines sont plus pressantes que vous ne pourriez le souhaiter ; et ce qu'elles comportent de désagréable n'en est pas moins intéressant. Même si cela reste tout autant désagréable pour vous, mieux vaut les écouter avant, de la bouche d'un ami, que de les entendre trop tard, d'une foule d'ennemis. On ne dit aux rois que ce qui les flatte, mais vous, républicains, vous devrez supporter de rudes vérités.

Je commencerai par la justice : elle occupe la première place dans vos pensées. Et en êtes-vous encore à apprendre que, sur ce terrain, la question est déjà jugée ? Que du moins, vous l'avez déjà jugée et jugée contre vous-mêmes ? Vous détestez la tyrannie, vous la détestez dans sa totalité comme dans ses détails ; vous détestez l'assujettissement d'une nation à une autre, vous appelez cela esclavage. Vous avez prononcé un jour une sentence contre les colonies britanniques : avez-vous déjà oublié votre jugement ? Avez-vous si vite oublié à quelle école vous avez fait l'apprentissage de la liberté[3] ?

Vous choisissez votre propre gouvernement ; pourquoi les autres peuples ne choisiraient-ils pas les leurs ? Voulez-vous sérieusement gouverner le monde et appeler cela la liberté ? Que deviennent les droits des hommes ? Êtes-vous les seuls hommes qui ont des droits ? Hélas ! Mes chers concitoyens, y aurait-il chez vous deux poids deux mesures ?

« Ah ! mais les colonies ne sont qu'une partie de l'empire, et la partie doit être gouvernée par le tout. » Une partie de l'empire, dites-vous ? Oui, en fait, elles le sont certainement, ou du moins l'ont été. Oui, ainsi New-York était une partie de l'empire britannique, quand l'armée britannique y était en garnison, ainsi pareillement pour Longwy et Verdun[4], parties de l'empire prussien ou autrichien. Que vous en ayez, ou du moins que vous en ayez eu la possession, est indiscutable ; la question est de savoir s'il est légitime que vous les possédiez encore aujourd'hui.

Oui, vous les possédez ou les avez possédées, ces parties d'empire : mais comment les avez-vous obtenues ? D'où, sinon de la main du despotisme ? Pensez à la façon dont vous les avez traitées : vous êtes enfermés dans une Bastille commune, vous abattez le geôlier, et vous vous évadez, en les laissant prisonnières, puis vous prenez la place du geôlier. Vous avez éliminé le criminel puis vous retirez les bénéfices de ce qui vous semble être un profit.

« Ah, mais elles vont envoyer des députés ; et ces députés nous gouverneront, autant que nous les gouvernons. » Illusion ! Qu'est-ce que cela, si ce n'est doubler le mal, au lieu de le diminuer ? Pour vous donner l'impression de gouverner un ou deux millions d'étrangers, vous en accueillez une demi-douzaine. Pour gouverner un million ou deux d'étrangers qui ne vous intéressent pas, vous acceptez une demi-douzaine de personnes qui ne se soucient pas de vous. Pour gouverner un peuple dont vous ne connaissez rien, vous vous encombrez d'une demi-douzaine de spectateurs ignorant le vôtre. Est-ce de la fraternité ? Sont-ce là, la liberté et l'égalité ? Une domination déclarée ferait moins de tort. Si j'étais américain, je préférerais ne pas être représenté du tout, plutôt que représenté ainsi. Si vous voulez instaurer la tyrannie, faites-le sans masque.

« Oh, mais ils nous informent. » C'est vrai, il faut informer ; mais pour informer, un homme doit-il nécessairement avoir le droit de vote ?

Français, que diriez-vous si le parlement anglais auquel vous enverreriez six députés, vous gouvernait ? De Londres à Paris la distance ne représente pas le tiers de celle qui sépare Londres des îles Orcades ou Paris de Perpignan. Vous sursautez, mais pensez quels peuvent être les sentiments des colons. Sont-ils français ? Ils se sentiront comme des Français. Ne sont-ils pas français ? Alors de quel droit les gouverneriez-vous ?

Est-ce l'égalité que vous voulez ? Je vais vous dire comment y parvenir. A chaque fois que la France envoie des administrateurs avec flottes et armées pour gouverner les colonies, que les colonies envoient des administrateurs avec flottes et armées égales pour gouverner la France.

Que valent mille arguments de ce genre ? Oublions l'imagination et consultons les sentiments. Ont-ils avantage à être gouvernés par vous plutôt que par eux-mêmes ? Est-ce à votre avantage de les gouverner plutôt que de les laisser à eux-mêmes ?

Ensuite, est-ce à leur avantage d'être gouvernés par des gens qui ne connaissent pas, ni ne peuvent jamais connaître leurs inclinations et leurs besoins ? Que pouvez-vous savoir d'eux ? Les revendications qu'ils émettent ? Les besoins qui les pressent ? Rien de cela ; mais les demandes qu'ils ont exprimées, les besoins qui les tenaient il y a deux mois : ce sont des choses qui peuvent avoir changé et pour les meilleures raisons ; des besoins qui ont été satisfaits en partie ou qui ne peuvent pas du tout l'être. Est-ce que ces colonies sollicitent votre système judiciaire ? La vérité est inconnaissable si l'on n'a pas de preuves ; vous n'avez probablement pas un témoin sur dix parmi ceux que vous devriez entendre, et ils sont peut-être tous du même côté. Vous demandent-ils de l'aide ? Vous engagez des dépenses immenses ; vous armez une troupe, et quand elle arrive, elle ne trouve rien à faire ; le parti pour lequel vous l'avez envoyée est soit vainqueur, soit vaincu ; veulent-ils des provisions pour survivre ? Avant qu'elles ne les atteignent, ils seront morts de faim. Tant qu'ils restent dépendants de vous, aucune négligence ne pourrait les mettre dans une situation plus cruelle que celle dans laquelle la nature des choses les a placés, et cela malgré toute votre sollicitude.

La sollicitude, ai-je dit? Comment peuvent-ils s'attendre à cela de votre part ? Est-ce que vous vous souciez d'eux, ou pouvez-vous même vous soucier d'eux ? Que savez-vous d'eux ? Quelle image pouvez-vous avoir de leur pays ? Quelle conception pouvez-vous vous forger de manières et de modes de vie si différents des vôtres ? Quand les verrez-vous ? Quand vous verront-ils ? S'ils souffrent, leurs cris blesseront-ils jamais vos oreilles ? Leur misère rencontrera-t-elle jamais votre regard ? A quel moment avez-vous pensé à eux ? Pressés par tant d'importantes choses qui se produisent à votre porte, à quel point vous intéresserez-vous à ce qu'on racontera venant de St. Domingue ou de la Martinique[5] ?

Pour quelles raisons voulez-vous les gouverner ? Pourquoi, sinon monopoliser et gêner leur commerce ? Pourquoi voudraient-ils que vous les gouverniez ? Pour les défendre ? Leur seul danger vient de vous.

Sont-ils satisfaits d'être gouvernés par vous ? Demandez-leur et vous le saurez. Mais pourquoi leur demander, comme si vous ne le saviez pas ? Ils préféreront peut-être être gouvernés par vous que par tout autre état ; mais est-il possible qu'ils ne soient pas encore plus heureux d'être gouvernés par eux-mêmes ? Une minorité d'entre eux pourrait choisir d'être gouvernée par vous plutôt que par ses opposants en majorité : mais est-ce à vous de protéger les minorités ? Une majorité, qui ne se sentirait pas aussi forte qu'elle pourrait le désirer, pourrait vous emprunter un peu de votre force ; mais pour le prêt d'un instant, exigeriez-vous une rente perpétuelle de servitude ?

« Ah, mais ce sont des aristocrates. » Et alors ? Alors je suis sûr que vous n'avez aucun droit de les gouverner ; alors je suis sûr que ce n'est pas leur intérêt de se laisser gouverner ; alors je suis sûr que ce n'est pas votre intérêt de les gouverner. Ce sont des aristocrates et ils vous détestent. Ce sont des aristocrates et vous les détestez. Pourquoi gouverner un peuple qui vous hait ? Vous haïront-ils moins parce que vous les gouvernez ? Un peuple est-il plus heureux d'être gouverné par des gens qu'il déteste ? Si c'est le cas, faites venir le duc de

Brunswick et asseyez-le sur votre trône. Car que pouvez-vous attendre d'un peuple que vous détestez ? Est-ce pour le plaisir de le rendre misérable ? N'est-ce pas faire comme les Frédéric et les François[6] ? N'est-ce pas devenir des aristocrates, et des aristocrates vindicatifs ?

Mais pourquoi se perdre dans ces suppositions ? Deux colonies, la Martinique et la Guadeloupe, ont déjà déclaré la séparation. En êtes-vous satisfaits ? J'ai bien peur que cela vous ait plutôt irrités. Ils se sont débarrassés du joug, et vous avez envoyé l'armée pour le leur remettre. Vous jouez encore avec notre vieux jeu à tous : démocrates en Europe, vous êtes des aristocrates en Amérique. Finalement, si vous ne voulez pas être de bons citoyens et de bons Français, soyez au moins de bons voisins et de bons alliés. Quand vous en aurez terminé avec la Martinique et la Guadeloupe, conquérez les États-Unis et rendez-les à la Grande-Bretagne.

« Oh, mais les Capets s'en empareront. » Tant mieux. Pourquoi ne pas laisser les Capets aller en Amérique ? L'Europe en serait alors débarrassée. Sont-ils de mauvais voisins ? Alors réjouissez-vous qu'ils soient loin. Pourquoi les Capets ne régneraient-ils pas puisqu'il y en a qui choisissent d'être gouvernés par eux ? Pourquoi les Capets ne régneraient-ils pas tant qu'ils se trouvent dans un autre hémisphère ? Comme ces aristocrates que vous ne tuez pas, et dont vous dites vous-mêmes vouloir les déporter, que comptez-vous en faire quant ils seront là-bas ? Des esclaves ? Si vous devez avoir des esclaves, gardez-les plutôt chez vous, où ils seront moins nombreux que les citoyens libres et seront mieux contrôlés. Si vous voulez dire qu'ils doivent être déportés sans être asservis, pourquoi ne pas les laisser se déporter eux-mêmes ?

Votre délicatesse vous empêche-t-elle de parler aux despotes déchus ? Vous n'avez pas besoin de le faire : car vous devez parler au peuple. Prenez les gens tels qu'ils sont et laissez-leur le choix de se donner à qui ils le souhaitent ; c'est leur affaire ; vous n'avez ni le besoin ni l'obligation de vous sentir concernés.

« Ah, mais les bons citoyens ! que va-t-il advenir des bons citoyens ? » Que deviendront-ils ? Leur destin dépend de vous. Abandonnez votre domination, et vous pourrez les sauver. Mais combattez pour la conserver, alors vous les détruirez. Si vous pouvez le faire sans utiliser la force, assurez-vous, que les souhaits de tous les citoyens puissent s'exprimer équitablement ; si ceux que vous appelez les bons citoyens sont majoritaires, ils gouverneront ; s'ils sont une une minorité, ils ne peuvent ni ne doivent gouverner ; mais vous aurez toujours la possibilité de garantir leur sécurité, en faisant en sorte d'obliger les autres à recueillir l'avis de la majorité, qu'ils le veuillent ou pas. N'en concluez pas qu'en abandonnant votre tyrannie, vous n'aurez plus aucun pouvoir d'assurer la justice. Ne croyez pas que ceux qui résistent à l'oppression soient sourds à l'humanité. Montrez l'exemple de la justice ; vous qui, préférant la destruction, pourriez avoir recours à la force, donnez l'exemple de la justice ; les plus pervers auront honte de ne pas le suivre. Quelle différence il y a entre les mots prononcés par un tyran et ceux prononcés par un bienfaiteur ! L'horreur et la suspicion les empoisonnent dans le premier cas, l'amour et la confiance les adoucissent dans l'autre.

Voulez-vous voir votre justice briller avec un lustre sans égal ? Faites appel à des délégués de quelque autre nation et intégrez-les aux vôtres. Faites-le ; faites-le de votre propre chef, et il sera notoire que vous ne désirez que la justice. Les sentiments pondérés et impartiaux de ces étrangers guideront le jugement et freineront les affections de vos propres délégués. Ils seront des gages et des preuves, pour vous et pour le monde entier, de la probité de leurs collègues. Ne croyez pas que je vous propose de vous soumettre à l'insolence des moyens armés, ou d'adopter les abominations du système monarchique des alliances ; ne croyez pas que je demande qu'on rejoue les tragédies de la Pologne, de la Hollande ou de Genève[7]. L'affaire à régler ne concerne pas la constitution mais l'administration, et ne ressort pas d'une loi perpétuelle mais d'un arrangement temporaire. Les médiateurs ne viennent que parce que vous les avez appelés, et ils viennent sans armes.

Ainsi en sauvant peut-être les bons citoyens, vous sauverez aussi tout le monde. A contrario, tenez-vous en à votre projet de domination, et vous ne sauverez personne. Les premières victimes en seront celles-là mêmes que vous êtes si soucieux de sauver ; c'est du moins ce qui se produira dans les deux grandes îles où elles y sont déjà dominées[8]. Qu'intervienne ensuite votre armée, ce sera avec une double conséquence destructrice ; si elle est vaincue, vous serez déçus et déshonorés ; si elle vainc, alors décapitations et confiscations s'ensuivront. Telle est l'alternative possible. Quel choix ferez-vous donc ? La sécurité universelle ou la destruction réciproque ? L'horreur ou l'admiration ? La malédiction de vos amis ou la bénédiction de vos ennemis ?

Mais supposons que les colons soient unanimes et unanimes en votre faveur, devriez-vous cependant les garder ? En aucun cas, car ils ne sont qu'un million ou deux et vous êtes vingt-cinq ou vingt-six millions. Ne croyez pas, parce que je les ai mentionnés en premier lieu, que ce sont eux que je souhaite d'abord voir libres. Non, dans mes pensées, c'est le mal causé aux vingt-six millions qui occupe une place prépondérante, c'est l'erreur que vous faites en maintenant cette domination contre nature.

Maintenant, qu'en est-il si les colonies, comme on les appelle, ne valent rien pour vous ? Et si elles valent moins que rien ? Si vous préférez l'injustice (excusez-moi de supposer cela), l'aimez-vous au point de la pratiquer jusqu'à votre propre perte ?

Que devraient-elles alors valoir pour vous, sinon générer un excédent de revenus, au-delà de ce qui est nécessaire à leur propre entretien et à leur défense ? En tirez-vous ou pouvez-vous, en tirer un bénéfice ? S'il en est ainsi, vous les pillez et vous enfreignez vos propres principes. Mais vous ne faites pas cela, vous ne l'avez jamais fait, et n'avez jamais eu l'intention de le faire.

Vous savez peut-être ce que cela coûte pour établir la paix ; et je me demande bien si les revenus que vous pouvez tirer des colonies peuvent égaler ces dépenses. Par contre, vous ne connaissez pas le montant des dépenses afférentes à la défense en temps de guerre, et vous ne pourrez jamais le connaître. Ce n'est rien moins que le coût d'une marine capable de surpasser celle de la Grande-Bretagne.

« Oui, mais le produit de nos colonies s'élevait à tant de millions par an avant les événements ; lorsque le calme sera rétabli, tout rentrera dans l'ordre ; et si nous abandonnions nos colonies, nous perdrions tout cela. » Illusion ! Les revenus de vos colonies seraient donc vos revenus ? Tout autant que le revenu de la Grande-Bretagne est le vôtre. Les colons n'ont-ils donc pas de biens propres ? S'ils possèdent des propriétés, comment sont-elles les vôtres ? Sont-elles à eux et à vous en même temps ? C'est impossible. Si sur cent millions, ils dépensent ou thésaurisent cent millions, je vous demande combien il vous reste. Pouvez-vous prélever un centime de plus que ce qu'ils ont décidé de vous donner sur ces revenus ? Le feriez-vous, si vous le pouviez ? Nous n'avons aucune prétention de ce genre en Grande-Bretagne, à propos de laquelle, selon vous, y règnerait une liberté imparfaite, aucune prétention, sauf sur les colonies conquises.

« Oh, mais une grande partie de leurs revenus se concentre ici, quand ils achètent nos biens ; elle constitue une large part de notre commerce, donc tout ce qu'au final nous perdrions. » Encore une illusion ! Pour vendre des biens à un pays, est-il obligatoire de le gouverner ? Sur terre, n'y a-t-il aucun pays qui achète de biens chez vous ? Vous vendez des marchandises en Grande-Bretagne, n'est-ce pas ? Et gouvernez-vous la Grande-Bretagne ? Quand un colon vous vend du sucre, vous le donne-t-il gratuitement ? Ne vous le fait-il pas payer ? Vous le payez et ensuite vous pourrez encore en acheter. Quand il sera son propre maître, le fardeau du sucre invendu lui sera-t-il moins pesant qu'aujourd'hui ? Aura-t-il moins besoin des biens qu'il achète maintenant avec son sucre ? Ce que vous lui vendez aujourd'hui, supposez que vous ne le lui vendiez plus, en seriez-vous appauvris ? N'y a-t-il personne d'autre pour l'acheter ? Cela ne vaut-t-il rien ? Que vous importe à qui vous vendez vos biens ? Comment pouvez-vous savoir à l'avance si c'est Pierre, Paul ou Jacques qui achètera ou consommera vos biens ? Quand bien même vous le sauriez, à quoi cela vous avancerait-il ? Avez-vous alors vraiment peur de ne rien produire qui puisse être vendu ? Est-ce que vos produits ne valent rien du tout ? Et ce que vous voulez acheter vaut-il des sommes astronomiques ? Si telle est votre crainte, alors quelle doit être celle de vos colons ? Ce que vous voulez d'eux, c'est qu'ils vous fournissent du luxe ; ce qu'ils veulent de vous, ce sont des moyens de subsistance. Supposons qu'ils vous achètent aujourd'hui une marchandise quelconque, du maïs ou quoi que ce soit d'autre qu'ils achètaient ailleurs auparavant. Y a-t-il un grain de maïs de plus dans le monde, à vendre conséquemment à ce changement de leur part, ou une seule bouche de moins qui n'ait besoin de maïs et qui a les moyens de l'acheter ou de l'échanger ? En achetant chez cet autre fournisseur, ne vidait-il pas son magasin d'une certaine quantité de maïs, qu'un autre client, qui était prêt à l'acheter devait alors acheter ailleurs que dans ce magasin, c'est-à-dire qui devait directement ou indirectement s'adresser à vous ?

Je vais vous rappeler une grande et importante vérité, malheureusement trop négligée : **le commerce est l'enfant du capital**. La masse des échanges commerciaux d'un pays, est proportionnelle à la masse de capital dont il dispose. Tant que vous n'investissez pas plus de capital dans vos échanges commerciaux, toute la puissance de la terre ne peut pas augmenter la masse de vos échanges. Tant que vous conservez le capital que vous avez, toute la puissance de la terre ne peut vous empêcher de conserver le commerce que vous avez. Il peut prendre une forme ou une autre ; il peut vous apporter plus de biens étrangers à consommer ou plus de marchandises produites localement ; il peut vous permettre de traiter plus d'une sorte de marchandises, ou plus d'une autre ; mais la quantité et la valeur des marchandises de toutes sortes qu'il vous fournira seront toujours les mêmes, sans aucune différence notable qu'il soit utile de calculer. Je suis un marchand ; j'ai un capital de 10 000 £ investi dans le commerce. Supposons que toutes les Antilles espagnoles me soient ouvertes ; pourrais-je faire plus d'échanges avec mes 10 000 £ que je n'en fais aujourd'hui ? Supposons que les Antilles françaises me soient interdites ; mes 10 000 £ ne vaudraient-elles plus rien ? Et si tous les marchés étrangers sans exception m'étaient fermés, mes 10 000 £ ne vaudraient-elles plus rien ? Même si on ne pouvait plus acheter de sucre, il y aurait tout de même des terres à amender. Si 100 livres de sucre valaient plus que 100 livres de maïs, de viande de boucherie, de vin ou d'huile, le maïs encore, la viande de boucherie, le vin et l'huile ne seraient pas pour autant dépourvus de valeur. Si, article après article, vous étiez exclus du commerce extérieur, le pire qui pourrait vous arriver serait d'en être réduit à investir beaucoup plus que vous ne l'aviez prévu dans l'amélioration de vos terres. Cette hypothèse imaginaire est impossible, mais quand bien même elle aurait une réalité, qu'y aurait-il là de si horrible ?

Oui, *c'est la quantité de capital*, et *non l'étendue du marché*, qui détermine la quantité des échanges commerciaux. Ouvrir un nouveau marché, ne vous permet pas d'augmenter pas la somme de vos échanges, sauf rare exception. Fermer un ancien marché, ne diminuera pas la somme de vos échanges commerciaux, sauf par accident ou provisoirement. Dans quel cas, alors, la somme des échanges est-elle augmentée par un nouveau marché ? Seulement si le taux de profit net sur le capital utilisé dans le nouveau commerce est supérieur à ce qu'il aurait été dans l'ancien, et non autrement. S'il est admis que la réalité de ce bénéfice supplémentaire est toujours acquise, elle n'est jamais prouvée. Ce peut-être vrai par accident ; mais, autre erreur qui est considérée comme acquise, et qui n'est jamais prouvée ; c'est que la *totalité* du profit réalisé sur le capital qui, au lieu d'être employé dans l'ancien commerce, est utilisé dans le nouveau, s'ajouterait à la somme des profits de la nation réalisés si l'on n'avait pas procédé à ce changement. On considère *créé* ce qui n'est que *transféré*.

Si après avoir fait 12 pour cent de bénéfice avec un capital de 10 000 £ dans un ancien commerce, un homme ne réalise que 10%, avec le même capital dans un nouveau commerce, qui ne voit pas qu'au lieu de gagner 1200 £ par an, lui et par son intermédiaire la nation à laquelle il appartient, perdent 200 £ après ce changement ; et il en est ainsi, pour un marchand, comme pour une centaine. Au lieu de cette perte de 200 £ par an, *vos comités de commerce* et vos chambres de commerce créditent les comptes de la nation d'un gain de 1 000 £ par an et par marchand, en particulier s'il s'agit d'une région très éloignée et peu connue, telles les mers du Sud avec la pêche à la baleine, une colonie espagnole en révolte, ou la baie de Nootka ; et il est heureux qu'ils ne comptent pas par-dessus le marché la totalité du capital, de 10 000 livres sterling dans les bénéfices.

« Oui, mais nous avons le monopole sur leurs produits. Nous les achetons donc à meilleur marché qu'ailleurs. Ils contribuent ainsi au financement de notre gouvernance. » Non ils ne paient pas un seul sou, et votre plan est inique, et votre profit une illusion.

Le plan, dis-je, est inique ; c'est une abomination aristocratique ; c'est un amas d'abominations aristo-cratiques ; c'est inique pour eux, mais ça l'est encore plus envers votre peuple.

Première abomination : la liberté, la propriété et l'égalité ont été violées aux dépens d'une classe nombreuse de citoyens (les colons) en les empêchant de proposer leurs produits sur les marchés qui leur seraient plus avantageux, et par là, en les privant de biens qu'ils auraient pu acquérir de la même manière.

Deuxième abomination : une partie de la nation (le peuple de France) est taxée pour alimenter les fonds destinés au maintien par la force des restrictions ainsi imposées à l'autre partie de la nation (les colons).

Troisième abomination : les pauvres qui, après tout, n'ont pas les moyens d'acheter du sucre, les pauvres en France, sont taxés afin de permettre aux riches d'en consommer. On taille dans les produits de première nécessité pour les besoins du luxe. Le fardeau pèse à la fois sur les riches et sur les pauvres, mais le bénéfice en revient exclusivement aux riches.

Ce n'est pas seulement une apparence d'injustice, comme ce serait le cas si ce qui est pris aux colons allait abonder les caisses de l'État ; ce ne serait alors qu'un mode d'imposition. On pourrait alors dire qu'en France les gens sont taxés d'une manière, dans les colonies d'une autre ; la seule question qui se poserait alors serait celle de la légitimité du régime d'imposition. Mais il n'est pas question ici des finances de l'État : rien ne revient à la nation, tout va aux particuliers ; si c'est un impôt, c'est un impôt dont le produit est gaspillé avant d'être collecté ; c'est un impôt dont le produit, au lieu d'être encaissé par le Trésor, est distribué aux mangeurs de sucre.

Mais je dis que même pour les mangeurs de sucre, ce profit est une illusion. Car le monopole que vous vous appropriez aux dépens des producteurs de sucre, permet-il d'en réduire le prix ? Pas d'un seul centime. Aucun monopole ne peut jamais réduire le prix de cette marchandise ou d'une autre, plus bas que le prix auquel la marchandise est maintenue par le taux de profit moyen du commerce en général. Vous pouvez empêcher vos sujets de vendre leur sucre ailleurs, mais vous ne pouvez pas les forcer à le faire à perte. Aucun monopole ne peut jamais le maintenir plus bas que ce prix naturel. La concurrence naturelle ne peut que l'y ramener, tôt ou tard, avec ou sans monopole. Le nombre de clients restant ce qu'il est, sans augmentation du nombre de commerçants, il ne peut y avoir de baisse de prix. Le monopole, c'est-à-dire l'exclusion des autres clients, n'a d'une manière certaine pas tendance à favoriser une augmentation du nombre de commerçants ; il peut raboter les profits de ceux avec lesquels il traite en premier, mais ce n'est pas le moyen d'en susciter d'autres. Le monopole, quoi qu'il fasse, génère un mal sans remède. Des prix élevés, en revanche, que l'on combat sottement avec le monopole, et qui résultent de la concurrence entre clients, ne peuvent en aucun cas générer d'inconvénients sans créer nécessairement les conditions pour y remédier. Des profits commerciaux élevés apportent un afflux de commerçants ; d'un afflux de concurrents résulte une baisse des prix, jusqu'à ce que le taux de profit du commerce en question atteigne le même niveau que les autres.

Si un monopole pouvait maintenir les prix à un niveau inférieur à leur valeur normale, qui pourrait dire à combien cela s'élèverait, et combien de centimes seraient économisés par les mangeurs de sucre annuellement, sur les millions imposés au peuple ? Non, personne ne le peut ; car, là où le monopole subsiste contre les producteurs, il n'y a que le monopole pour empêcher l'accession de nouveaux producteurs au marché, et à la concurrence entre eux ; la concurrence naturelle allant de pair avec le monopole, il est impossible de prouver que tout l'effet est engendré par la concurrence ou par le monopole.

« Ah ! mais nous n'en avons pas encore fini avec eux. Nous nous attribuons un autre monopole, celui de leur clientèle. Nous leur faisons acheter nos produits plus chers qu'ailleurs ; et ainsi nous leur faisons payer le fait de les gouverner. » Simple illusion ! Des articles que vous pouvez fabriquer, de meilleure qualité que ceux des étrangers, que vous pouvez leur fournir à de meilleures conditions que les étrangers, vous ne recevrez pas un centime de plus grâce au monopole, non plus qu'il n'y aurait pas de monopole. Il est vrai que vous les empêchez d'acheter leurs biens à d'autres marchands que les vôtres. Mais qu'est-ce que cela signifie ? Vous ne les obligez pas à acheter à tel ou tel de vos propres commerçants. Ceux-ci ont donc toujours la faculté de se livrer à une concurrence débridée et de s'échanger le moins cher possible entre eux ; monopole ou pas, cela n'y change rien. C'est toujours la concurrence qui fixe les prix. Dans un cas comme dans l'autre, le monopole arrive comme un cheveu dans le potage. C'est toujours le rapport entre les profits obtenus dans ces secteurs commerciaux et le taux de profit moyen qui régit cette concurrence : c'est toujours la quantité de capital disponible pour le commerce qui régit le taux de profit moyen du commerce.

En ce qui concerne les articles que vous ne pouvez produire de meilleure qualité ou moins chers que ceux des étrangers, autrement dit que vous ne pouvez pas leur fournir à de meilleures conditions, il s'agit encore de la même illusion, même si elle n'est peut-être pas aussi évidente. La nation, je veux dire le nombre total d'individus concernés par les industries productives de toutes sortes, ne recevra pas un centime de plus parce qu'elle préférerait les mauvais articles aux bons. En France, pas plus qu'ailleurs, le monopole ne permet aux commerçants de gagner davantage sur les biens qu'ils produisent. Car si le taux de profit tiré des articles ainsi favorisés par le monopole augmentait momentanément, la concurrence aurait vite fait de le tirer à la baisse. Tout ce qui résulte du monopole que vous vous arrogez sur la clientèle de vos colonies, c'est d'abaisser la qualité des marchandises que l'on peut acheter dans le monde entier pour une somme donnée. Les Français sont engagés dans des productions de biens de consommation qu'ils destinent à leurs colonies, des productions dans lesquelles ils réussissent moins bien que les Anglais par exemple, au lieu de produire pour leur propre consommation, ou pour l'exportation, des biens dans lesquels ils sont meilleurs que les Anglais. D'un autre côté, les Anglais, empêchés jusqu'à présent de produire des biens dans lesquels ils excellent, se sont rabattus sur la production de biens dans lesquels ils ne réussissent pas si bien. Et cela est ainsi dans monde entier. Le bonheur de l'humanité n'est peut-être pas affecté par la différence qui existe entre porter un vêtement de tel modèle et un vêtement de tel autre ; mais, si la coupe du costume ne fait probablement rien perdre à personne, ce qui est certain, c'est qu'il ne fait rien gagner à personne non plus, en tout cas à la France.

Croyez-vous en l'expérience ? Tournez-vous vers les États-Unis. Avant la séparation, la Grande-Bretagne détenait le monopole de leur commerce ; elle l'a évidemment perdu lors de la séparation. Leur commerce avec la Grande-Bretagne est-il inférieur à ce qu'il était avant ? Au contraire, il s'est considérablement accru.

Cependant, le monopole contre les colons n'est-il pas entravé par un contre-monopole ? En effet, pour se faire pardonner par les colons le fait de les exclure des autres marchés , n'est-il pas par ailleurs, interdit à la population française d'acheter des produits coloniaux aux autres colonies, bien qu'elle en puisse obtenir à moindre prix ? Dans l'affirmative, si bénéfice il y a pour la France qui serait réalisé grâce au monopole, ne serait-il pas annihilé par ce qu'on peut considérer la charge du contre-monopole ? C'est évident, et le bénéfice de tout cela s'avère imaginaire et grevé par un fardeau qui, lui, est réel.

Par conséquent, considérant monopole et contre-monopole, le sucre revient plus cher à ses consommateurs au lieu de l'être moins. C'est plus ou moins généralement le cas, mais c'est amplifié quand les récoltes ont été mauvaises dans les colonies françaises ; car le contre-monopole empêche de pallier la crise par l'importation de sucre en provenance d'autres colonies.

Si le monopole favorisait la baisse des prix, ce qui n'est pas, il le ferait au détriment d'une autre chose de la plus haute importance, à savoir la stabilité des prix. Ce n'est le fait de ne pas avoir de sucre à consommer qui tourmente l'indivu, Crésus, Apicius, Héliogabale[9] ne connaissaient pas le sucre. Ce qui l'angoisse, c'est de ne pas pouvoir obtenir ce à quoi il a été habitué, ou d'en être rationné. Le monopole exercé aux dépens des colonies françaises, s'il contribuait autant que faire se peut à une situation de prix faibles, n'aiderait en rien à leur stabilité ; au contraire, en raison du contre-monopole qui l'entrave, sa tendance est de perpétuer le problème inverse. Aucun monopole que la France instaurera dans ses colonies ne pourra empêcher de ces accidents qui conduisent à des pénuries de sucre ; et quand le sucre viendra à manquer, le monopole sur la France empêchera celle-ci de s'approvisionner ailleurs, là où il est moins cher.

Dans quelle proportion le prix du sucre est-il plus cher dans les pays qui n'ont pas de colonies que dans ceux qui en ont ? Que ceux que cela intéresse fassent leur enquête. Ils verront alors tout ce que pourra perdre l'ensemble des émangeurs de sucre en France. Non pas que cette perte puisse s'apparenter à la proportion citée plus haut ; car dans la mesure où ces pays se procurent leur sucre auprès de colonies sous monopole, lesquelles sont obligées de passer par l'intermédiaire de leur état monopolisateur, ils obtiennent leur sucre à un prix augmenté par les effets de la pénurie occasionnelle organisée par le contre-monopole susmentionné, et plus ou moins soumis à des taxes d'importation constantes, outre les coûts liés au fret indirect et aux profits multipliés des marchands.

Le monopole ne peut-il alors forcer les prix à la baisse ? Si, certainement. Ne pourra-t-il donc pas les stabiliser ? En aucun cas. Si je possède des produits dont je n'ai pas l'utilité, et s'il n'existe qu'un seul homme au monde à qui je puisse les vendre, plutôt que de ne pas les vendre, même s'ils m'ont coûté cent livres, je les lui vendrai pour une misère. C'est ainsi que le monopole fera baisser les prix. Mais continuerai-je à les fabriquer et à les vendre dans ces conditions ? Non si j'ai toute ma raison. C'est pourquoi le monopole ne peut assurer la stabilité des prix. De là provient toute l'erreur des adeptes des monopoles, de ne pas se préoccuper de la différence qu'il y a entre faire baisser les prix et les stabiliser.

Quand un article est cher, il est important de savoir si son prix a été établi par des moyens libres ou contraints par la force. La pénurie naturelle est un malheur, la pénurie créée est une oppression. La souffrance prend une couleur toute différente lorsque s'y mêle un sentiment d'oppression. Même si les effets d'un monopole étaient très faibles, ses insuffisances prises comme recours, ne le rendent pas moins délétère en tant qu'oppression.

Que vous apporte dans l'ensemble un système de monopole ? Il vous apporte le crédit que confère l'oppression, des pénuries occasionnelles, des dépenses militaires engagées pour lutter contre la contrebande, des frais de justice, du gaspillage et la misère inhérente aux amendes et aux confiscations qui s'ensuivent.

« Oui, mais les droits de douane sur le commerce colonial sont pour nous des recettes ! » Oui, je vous rejoins là-dessus ; et après ? Est-il obligatoire de gouverner un pays pour taxer le commerce que l'on fait avec lui ? Y a-t-il un seul pays qui ne génère pas de revenus pour vous ? Vous taxez votre commerce avec la Grande-Bretagne, n'est-ce pas ? Et gouvernez-vous la Grande-Bretagne ? Vous taxez les marchandises britanniques tout comme le permet la contrebande ; pourriez-vous les taxer davantage si elles venaient des colonies ? Le feriez-vous si vous le pouviez ? Taxeriez-vous vos propres sujets plus que des étrangers ?

Je vais vous montrer comment vous pouvez tirer des revenus de vos colonies ; je vais vous montrer le chemin, et le seul moyen de le rentabiliser, si vous choisissez l'iniquité. N'imposez aucune taxe sur leurs produits, n'imposez aucune de vos importations ; car de toutes ces taxes, c'est vous qui en payez chaque centime. Taxez plutôt vos exportations vers elles, taxez toutes vos exportations, taxez-les aussi haut que le permet la contrebande ; car de toutes ces taxes, elles en paieront chaque centime.

Je vais vous montrer que vous pourriez obtenir beaucoup plus d'elles que des étrangers. Vous ne pouvez pas, il faut l'avouer, et sauf par accident, bénéficier d'un pourcentage supérieur à ce qu'elles vous ont pris, et à ce que les étrangers vous ont pris. Car le pourcentage que vous pouvez prendre sur les produits étrangers est limité par la contrebande laquelle limite même celui que vous pouvez préléver sur vos vassaux. Dans les pays éloignés comme les colonies, les contrebandiers ont moins de facilité que s'ils trafiquaient dans des pays contigus ; et donc les dépenses de contrebande y étant les plus élevées, les taxes pourraient être augmentées sans pertes provoquées par la contrebande ; mais quelle que soit la marge dont on dispose, on en dispose voyez-vous, non grâce à la nationalité mais grâce à la distance.

Vous ne pouvez pas ainsi, dis-je, obtenir un pourcentage plus élevé de vos vassaux, en tant que tels, que s'ils étaient des étrangers ; mais ce que vous pouvez obtenir d'eux, c'est ce même *taux* de profit, d'une plus grande certitude quant à son *étendue*. Les étrangers peuvent lâcher votre marché à tout moment, et ils le feraient fatalement si la taxe exigée ne leur permettait pas d'acheter les biens désirés, à des conditions aussi avantageuses qu'ailleurs. Vos propres vassaux ne pourraient quitter votre marché, sauf par le moyen de la contrebande, en supposant qu'ils n'en aient pas d'autres. Appliquée aux étrangers, la taxe constitue une expérience ; et ce que vous risquez en expérimentant, c'est de contrarier temporairement les individus proportionnellement à la diminution des échanges, quelle qu'elle soit, qu'effectue telle ou telle branche du commerce ; quant à la somme absolue relative aux échanges, ou plus distinctement, de la richesse nationale, elle ne souffre, vous l'avez vu, que du montant du déclin relatif et momentané des commerçants ; si bien que le produit entier de cette taxe est un gain clairement net pour le revenu national, obtenu sans dépenses et sans risque. Concernant vos vassaux, il n'y a rien à expérimenter sur eux ; ils sont vos prisonniers et c'est vous qui fixez le prix de leur existence. Seulement, vous devez garder la porte bien verrouillée, et si la prison est grande, cela n'est peut-être pas si facile. A la Guadaloupe, à la Martinique et à Saint-Domingue, à combien s'élèvent les dépenses pour des prisonniers réfractaires, creusant des trous, abattant les portes et démolissant les murs à chaque occasion, avec l'aide de gens de l'extérieur ? Que ceux qui pensent que cela en vaut la peine fassent le calcul.

Pourquoi dans tout ce que je viens de dire, n'apparaît aucun chiffre ? Parce que les chiffres ne nous apprennent rien. Les chiffres pourraient montrer à combien s'élèvent les *revenus* de vos colons, mais comme leurs revenus sont à eux, et non à vous, ils ne peuvent vous concerner. Les chiffres pourraient montrer à combien s'élèvent vos *importations* en provenance de vos colonies, mais cela ne change rien à l'affaire car ils ne vous le vendent pas sans être payés, et ils n'en seraient pas moins heureux d'être payés de même s'ils étaient libres. Les chiffres pourraient montrer à combien s'élève le produit de vos *taxes* sur ces *importations* ; mais cela ne change rien au problème, car vous les encaisseriez de toute façon avec des producteurs de biens indépendants ou pas ; en outre, ce sont vos propres citoyens de métropole qui les paient au final. Les chiffres pourraient montrer ce que vous avez vendu comme *exportations* à vos colons, sous telle ou telle forme, mais vous ne seriez guère plus avancés, car c'est pour la consommation des biens que sert la production, et non pas pour leur seule vente. Si vous ne les vendiez pas sous cette forme, vous les vendriez ou les consommeriez sous une autre forme. Les chiffres pourraient vous indiquer le montant des *taxes* que vous prélèvez sur ces *exportations* : mais cela ne servirait à rien, car si le prix d'un article est de toute façon grevé d'une taxe, même sans monopole forcé, vous pouvez l'obtenir pareillement de vos colons indépendants ou d'autres étrangers ; et si ce n'est pas le cas, ni eux ni vous ne supporterez de voir le prix monter si haut, et vous ne supporterez pas plus de payer les frais d'une marine capable de bloquer tous leurs ports et de défendre tous ces vastes et lointains pays contre les puissances rivales, qui auront les habitants locaux de leur côté.

« Oui, mais les colonies représentent une grande partie de notre puissance. » Dites plutôt qu'elles sont *toute votre faiblesse*. Dans votre propre et naturel État, vous êtes imprenable ; dans ces excroissances contre nature, vous êtes vulnérables. Êtes-vous attaqué chez vous ? Pas un de leurs hommes ne vous aidera, et elles ne vous donneront pas un sou. Sont-elles attaquées ? Elles feront appel à votre flotte et à vos armées.

Si vous avez décidé de les garder, le pouvez-vous seulement ? Cela mérite d'y réfléchir. N'y a-t-il pas un certain doute à l'heure actuelle, alors que vous n'avez à les défendre que contre eux-mêmes ? Peut-il y avoir le moindre doute, si l'on tient compte du pouvoir de la

Grande-Bretagne ? Je crois que cinq militaires, si je ne me trompe, leur ont été envoyés pour les défendre les unes contre les autres ; demandez à votre ministre de la marine, peut-il en envoyer cinquante de plus pour les défendre contre leurs protecteurs ? Quinze mille hommes sont mobilisés pour la Martinique afin de combattre les aristocrates ; demandez à votre ministre de la Guerre si Custine[10] peut se passer de trente mille de ses meilleurs éléments pour combattre les Britanniques.

Ne vous faites pas d'illusions. Vous ne pouvez pas être partout ; vous ne pouvez pas tout faire. Vos ressources, aussi grandes soient-elles, ont toujours leurs limites. La terre est à vous. Mais croyez-vous qu'il soit possible d'y monter la garde ainsi que sur mer ? Est-il possible de défendre la terre contre tout le monde et en même temps la mer contre la Grande-Bretagne ? Regardez un peu en arrière. L'Espagne, les Pays-Bas et l'Amérique vous ont-elles sauvés du 10 avril[11] ? Que se passerait-il aujourd'hui ? L'Amérique est neutre, l'Espagne et la Hollande sont contre vous. Envoyez autant de navires que vous le pouvez, l'Angleterre seule peut en envoyer le double, et si cela ne suffit pas, le triple.

« Ah ! mais les temps ont changé. » J'ose y croire. Une grande bravoure peut accomplir de grandes choses. Mais qu'est-ce que cela représente dans l'affaire qui nous occupe ? La bravoure peut-elle empêcher un navire de couler ? A habileté comparable, la différence de courage peut-elle compenser la différence qu'il y a entre un et deux navires ?

Réfléchissez un peu ; un bateau n'est pas une ville, que vous pouvez bombarder d'orateurs et de décrets pour appeler à la désertion et de déclarations sur les droits des hommes ; un bateau n'est pas une ville dans laquelle le tiède peut s'éclipser, ou dans laquelle quelques amis complices peuvent vous faire entrer. Vous êtes courageux. Mais les marins anglais ne le sont pas moins. Si vous avez vos lumières, ils ont leurs préjugés ; ils risquent de trouver plus difficile que vous ne le pensez, d'avaler la doctrine de la liberté forcée ; ils pourraient bien préférer une constitution toute faite qui offre la tranquillité à une constitution en élaboration qui n'assure pas la paix. Ils peuvent s'interroger sur le droit qu'ont des milliers de personnes qui s'adressent à vous, de parler au nom des millions d'autres à qui l'on demande de vous haïr. Ils préféreront peut-être le *George*[12] qu'ils connaissent à un Pierre, Paul ou Jacques dont ils n'ont jamais entendu parler.

Écoutez ce paradoxe, il est réel : abandonnez vos colonies, elles seront à vous ; gardez-les, elles seront à nous. Voilà ce qui me fait le plus peur, et vous m'excuserez, car cela me touche d'autant plus près que je suis aussi un Anglais.

« Mais, et les gens de Bordeaux[13] ? » Bien, qu'y a-t-il avec les Bordelais ? Est-ce que les passions d'une seule ville doivent nuire aux intérêts de toute la nation ? Faut-il combattre la Justice, la prospérité, le potentiel de la nation, dans leur seul intérêt ? Pensez plutôt à leur patriotisme. Adressez-vous à eux, éclairez-les, persuadez-les ; et si vous rencontrez des difficultés à surmonter ce point sur votre propre continent, demandez-vous s'il vous sera plus facile de maîtriser toutes ces lointaines et vastes îles, elles, et l'Angleterre à leurs côtés.

Céder à la justice c'est ce qui doit arriver aux nations les plus puissantes et les plus fières. La honte ou l'honneur suit, selon les idées du temps. La Grande-Bretagne céda à l'Amérique ; la Grande-Bretagne céda à l'Irlande. A quelle occasion sa dignité fut-elle la mieux préservée ?

Dans votre situation, n'appelez pas *courage* le fait de suivre le sentier de la guerre et de la violence.

Il n'y a rien dans un tel courage qui ne rappelle la lâcheté la plus basse. Ce sont vos propres passions que vous assouvissez, mais le sang que vous versez est le sang de vos concitoyens.

Qui peut dire ce qu'il vous en coûte actuellement de garder des colonies ? Qui peut dire ce que vous pourriez sauver en vous séparant d'elles ? Je crains bien qu'il s'agisse de la presque la totalité de votre marine. Pourquoi gardez-vous une marine si ce n'est pour garder les colonies ? Qui craignez-vous sinon les Anglais ? Et pourquoi, sinon à cause de vos colonies ? Pour défendre votre commerce dites-vous ? Rendez-nous justice, nous ne sommes pas des pirates. Si vous n'aviez pas une seule frégate nous ne nous mêlerions pas des affaires de vos marchands ; si vous ne teniez pas un seul fort, nous n'envahirions pas vos côtes. Nous avons suffisamment d'ambition et de partialité, mais nous voyons cela autrement. Est-ce que nous nuisons au commerce du Danemark, de la Suède, de Naples et des petits états ? Jamais, sauf quand ils transportent vos marchandises lorsque vous êtes en guerre avec nous à cause des colonies. Que dis-je ? Si nous avons nous-mêmes une marine, ce n'est pas pour le commerce, c'est pour les colonies ; c'est parce que certains d'entre nous n'ont qu'une envie, c'est de vous prendre vos colonies, et parce que nous tous craignons que vous nous preniez les nôtres.

La cohérence politique a-t-elle une valeur ? Votre décret tant vanté par lequel vous renoncez aux conquêtes[14], décret dont on pourrait effectivement se vanter s'il était respecté, décret des plus bénéfiques, vaut-il mieux que de vieux papiers à jeter ? Je crains fort que la lettre n'en soit violée depuis longtemps ; mais l'esprit en peut être encore restauré avec davantage d'éclat. Libérez vos colonies, et tout s'arrangera. Vous pourriez dire : « Nous avons annexé la Savoie et Avignon[15] parce qu'ils souhaitaient nous rejoindre, et nous nous séparons de nos frères lointains, parce que comme nous, ils ont choisi de se gouverner par eux-mêmes. Les souhaits de nos proches voisins étrangers ont été respectés par mutuel accord sur des intérêts communs ; les problèmes communs, résultats d'une conjoncture artificiellement créée, dès qu'ils ont été compris, nous ont fait suivre et même anticiper les souhaits de nos lointains concitoyens des colonies. La réduction des coûts de défense a été l'incitation à notre union avec ceux qui ont des frontières communes avec les nôtres, ou qui étaient même à leur intérieur ; le même avantage, mais à un degré bien supérieur, nous récompense d'avoir accédé aux souhaits et aux intérêts des habitants de l'autre hémisphère. Aux puissances neutres, nous don-nons beaucoup de sujets de satisfaction, sans jamais provoquer leur jalousie. Nous n'avons acquis que deux petits territoires alors que nous sacrifions, outre les colonies continentales situées dans tous les coins du globe, une multitude d'îles, dont la plus petite d'entre elles serait capable de contenir nos deux acquisitions. » Si tel était votre langage, tout serait expliqué, et tout serait réglé. Tant que vous prenez ce qui vous convient, en gardant ce qui ne vous convient pas, vous aspirez ouvertement à la domination universelle et la fraternité à la bouche, vous déclarez la guerre à l'humanité. Débarrassez-vous de vos splendides fardeaux, et vos péchés de jeunesse seront expiés, et votre réputation croîtra sur une terre éternelle de vérité, de probité, de modération et de philanthropie.

Dans l'éventualité d'une rupture avec l'Espagne[16], vous auriez, je pense, des projets envers ses colonies ? Pour les garder ? Dites-le hardiment et reconnaissez-vous comme de dignes successeurs de Louis XIV. Pour leur donner l'indépendance ? Pourquoi ne pas la leur donner alors qu'il est déjà en votre pouvoir de le faire ? Allez-vous imposer une dépense immense à vos électeurs pour donner à ces colonies une hypothétique liberté, et la refuser, cette liberté lorsque vous pouvez la leur donner avec certitude et sans rien dépenser ? Comparez ces deux images : d'un côté une liberté sans effusion de sang, et de l'autre une effusion de sang pour une liberté aléatoire. Quelle action est la plus gratifiante ? Laquelle des deux préférez-vous ? Est-ce celle du sang ? Allez donc voir ces colons avec la liberté dans votre bouche et des chaînes dans vos mains ; allez-y et entendez-les vous répondre : « Français, nous croyons votre intention de nous donner la liberté à nous étrangers, car nous vous avons vu la donner à vos propres frères » ?

Vous qui nous estimez si peu, nous Anglais, méprisez avec tant de pitié notre corruption, nos préjugés, notre liberté imparfaite, combien de temps encore allez-vous suivre notre exemple pour gouverner, dans tous les domaines où il est le moins défendable ? Est-ce un secret pour vous, plus que pour nous-mêmes, que nos colonies nous coûtent cher, qu'elles ne nous rapportent rien, que notre gouvernement nous oblige à les payer pour qu'elles souffrent d'être gouvernées par lui, et que l'utilité ou l'objectif de cette politique est de créer des postes d'agents publics, et des guerres qui multiplient encore le nombre de ces postes ?

Vous qui nous estimez si peu, qui regardez avec tant de dédain notre corruption, nos préjugés, notre liberté imparfaite, combien de temps encore continuerez-vous à copier un système dans lequel la corruption et les préjugés se liguent contre la liberté, et dans lequel le gouvernement et ses colonies s'entendent pour duper et sacrifier la métropole ?

Vous n'avez vu jusqu'ici que l'essentiel quant à abandonner ses colonies ; mais il existe une foule d'avantages collatéraux à cela : économie de temps pour les individus publics, simplification du gouvernement, préservation de l'harmonie interne, propagation de la liberté et de la bonne gouvernance sur la terre.

Vous avez été choisis par le peuple, du moins vous le pensez ; vous avez été élus par la partie la plus nombreuse du peuple qui est aussi la moins instruite. Cet état de fait, avec tous ses avantages et ses inconvénients, vous les enfants du peuple, devez vous attendre plus ou moins à l'avoir en commun avec lui. Informez-vous le mieux possible, travaillez dur, limitez votre charge de travail autant que vous voudrez, vous n'avez aucune chance d'alléger votre tâche. A quelle montagne de documents et de calculs devrez-vous faire face, si vous persévérez dans le système de colonies, avec ses monopoles et ses contre-monopoles ! Quelle couverture pour la tyrannie et le péculat ! Donnez à vos commissaires un pouvoir insuffisant, et on se moquera d'eux ; donnez-leur en suffisamment, ces serviteurs deviendront dangereux pour vous, leurs maîtres. Ce fléau peut disparaître par la simple opportunité d'arrêter de vous mêler des affaires de ceux sur lesquels vous n'avez aucun droit. Nettoyées de toutes ces déchets, de sottises et de fausse science, vos lois pourront enfin revêtir leurs plus beaux atours ; alors, et pas avant, vous pourrez les voir telles qu'elles doivent être, dans toute leur simplicité, aussi simples que ceux qui vous ont élus, aussi simples que vous êtes vous-mêmes. Oui, citoyens, votre temps, tout le temps dont vous disposez ou que vous pouvez dégager, appartient à ceux qui vous connaissent et que vous connaissez ; vous n'avez pas de temps à consacrer à ces lointains étrangers.

L'émancipation permet de se débarrasser des difficultés qui naissent à la suite des grandes différences d'opinions émises d'une manière acerbe entre les partisans de l'esclavage noir et les partisans de son abolition ; c'est un moyen terme dans lequel toutes les parties pourraient se mettre d'accord. Si vous conservez les îles productrices de sucre, il vous sera impossible d'agir de manière juste ; libérez les Noirs, vous n'aurez plus de sucre, ni de raisons de garder ces colonies ; gardez les esclaves, et vous piétinerez la Déclaration des Droits et bafouerez ses principes. Les scrupules doivent avoir un terme ; comment est produit le sucre est ce dont vous n'avez pas besoin de vous préoccuper tant que vous ne le produisez pas vous-mêmes. Réformez le monde par l'exemple, et vous agirez avec générosité et sagesse ; réformez le monde par la force, vous pourriez aussi bien essayer de modifier les mouvements de la Lune, entreprise qui convient parfaitement aux fous.

Le bien que vous ferez ne profitera pas seulement à vous-mêmes. Il s'étendra jusqu'à nous ; je ne parle pas de notre gouvernement, qui vous affronte, mais de la nation dont vous souhaitez ardemment qu'elle devienne votre amie. Non, il n'y a pas de limites au bien que vous pouvez faire dans le monde ; il n'y a pas de limites au pouvoir que vous pouvez exercer sur lui. En émancipant vos propres colonies, vous émanciperez les nôtres ; en donnant l'exemple, vous pourrez nous ouvrir les yeux et nous forcer à le suivre. En réduisant votre propre marine, vous pourrez réduire la nôtre ; en réduisant notre marine, vous pourrez réduire nos taxes ; en réduisant nos taxes, vous réduirez le nombre de nos agents publics ; en réduisant celui-ci, vous réduirez la corruption.

En émancipant nos colonies, vous pourrez ainsi assainir notre parlement ; vous pourrez purifier notre constitution, que vous ne rendrez cependant pas caduque. Excusez-nous, nous sommes un peuple lent et un peu obstiné ; nous y sommes habitués et elle répond à nos projets. Vous ne devrez pas la détruire ; mais si vous permettez de l'amender petit à petit, nous ne pourrons pas vous empêcher de le faire.

Un mot suffira concernant vos possessions en Inde orientale[17]. Excepté leurs sentiments que l'on ne connaît pas encore, tout ce qui s'applique aux Indes Occidentales, s'applique aux Indes Orientales avec une double force. Les îles ne présentent aucune difficulté ; la population y est française ; elles sont mûres pour l'autonomie gouvernementale. Il reste le continent ; vous savez comment les choses ont changé là-bas depuis que Tippoo[18] n'est plus au pouvoir. L'arbre de la liberté pousserait-il là s'il était planté ? La déclaration des droits pourra-t-elle se traduire en sanscrit ? Peut-on placer sur un pied d'égalité Brâhmanes, Kshatryas, Vashyas, Shudras, et Intouchables[19] ? Si cela n'est pas possible, vous aurez peut-être du mal à les émanciper. Vous pourriez par nécessité, en être réduits à ce que nous pouvons appeler ici un plan d'action. S'il est obligatoire pour eux d'avoir des maîtres, il vous faudra alors chercher les moins mauvais qui pourraient s'en occuper ; et après tout ce que nous avons entendu, je me demande si vous pourriez en trouver de moins mauvais que les administrateurs de notre compagnie anglaise[20] Si ces marchands vous donnaient quoi que ce soit en échange, ce serait un gain net pour vous ; et il n'est pas impossible qu'ils le fassent. Vous auriez alors mieux à faire que penser à obtenir en échange de ces provinces tranquilles une quelconque somme d'argent qui serait dépensée à la première occasion de les reprendre par la force ; le plaisir de la rapine, l'effusion de sang et la dévastation ne doivent pas être négligés, mais ils vous donneraient certainement quelque chose. Bien que le pays vous soit un lourd fardeau, il n'est pas exclu qu'il soit avantageux pour ces marchands. Quand bien même leurs vastes possessions seraient un fardeau pour eux, ce fardeau, au lieu de s'alourdir, pourrait s'alléger par l'ajout de ces provinces ; car les coûts alloués à la défense pourrait être réduits. Pondichéry pourrait devenir pour eux ce que la Savoie est pour vous.

Mais arrêtons là les suppositions et les conjectures. La façon dont vous vous séparez des pauvres gens qui sont actuellement vos esclaves est, après tout, une considération secondaire ; l'essentiel est de vous en débarrasser ; vous devez le faire si personne ne les prend, et sans être payé pour cela. Quels que soient leurs droits, ils n'ont pas celui de vous forcer à les gouverner à vos dépens.

« Oh ! Mais vous êtes un mercenaire, vous êtes l'instrument de votre roi et de sa compagnie des Indes Orientales ! Ils vous ont payé pour nous raconter une belle histoire et nous persuader de nous dépouiller de nos colonies, qu'ils ne sont pas capables de nous voler par eux-mêmes. » Mais, oui, c'est cela. Je n'ai pas un morceau de pain à me mettre sous la dent, et dès la sortie de votre décret, je vais recevoir 50 000 £ de la compagnie et une pairie du roi. *Je suis un mercenaire.* Mais *vous*, trahirez-vous ensuite les intérêts de vos électeurs, parce qu'un homme a été mandaté pour vous le montrer ? *Cela serait bien utile à l'Angleterre* ; mais n'avons-nous jamais d'intérêts communs, et ne servirez-vous vos propres intérêts qu'à la condition de ne pas servir ceux des autres en même temps ? Votre amour pour vos frères est-il aussi faible qu'est forte la haine que vous portez à vos voisins ? *Cela serait bien utile à l'Angleterre*, mais les termes *Angleterre* et *roi d'Angleterre* sont-ils si parfaitement synonymes, qu'ils vous fassent tous penser la même chose ? *Cela servirait les intérêts du roi* : mais connaître les intérêts d'un homme, ses intérêts véritables et durables, vous permet-il toujours de connaître ce qu'il veut vraiment ? La sagesse ultime figure-t-elle parmi les attributs de ses ministres ? Ne sont-ils pas aveuglés par quelque passion, n'ont-ils aucun préjugé pour les induire en erreur ? Êtes-vous dans une telle incapacité de comprendre votre propre intérêt, qu'il vous faille l'apprendre de la bouche des autres, et particulièrement celle de vos ennemis ? *Le roi d'Angleterre est votre ennemi* ; mais parce qu'il serait votre ennemi, vous placeriez-vous sous ses ordres ? Est-ce au pouvoir d'un ennemi de vous faire faire ce qu'il voudra, uniquement en mandatant quelqu'un pour proposer le contraire ? Voyez à quoi on s'expose en écoutant de telles sornettes ! *Me voilà embauché comme mercenaire* : mais les avocats ne sont-ils pas embauchés de même aussi souvent qu'une affaire est portée devant un tribunal ? Et la justice penche-t-elle de part et d'autre à la fois, parce que les hommes sont payés des deux côtés ? Législateurs, permettez-moi de vous avertir sur un point qui aura son actualité en d'autres occasions. Ceux qui, le cas échéant, détournent l'attention sur des arguments avancés par untel, pour en expliquer ses motivations, montrent à quel point leur cause est faible, qu'il s'agisse du bien-fondé de cette cause, de la force de leurs propres pouvoirs, ou de la solidité de votre jugement, pour ne pas dire de tous les trois en même temps. S'ils émettent devant vous des suggestions aussi vides de sens, c'est qu'ils craignent ou espèrent vous trouver incapables d'être conduits par la raison.

Un mot pour récapituler et j'en aurai terminé. Vous abandonnerez vos colonies, disais-je, parce que vous n'avez pas le droit de les gouverner, parce qu'elles préfèrent que vous ne les gouverniez pas, car il est contre leur intérêt que vous les gouverniez, car vous ne gagnez rien en les gouvernant, parce que vous ne pourrez pas les garder, parce que le coût d'essayer de le faire serait ruineux, parce que votre constitution en souffrirait, parce que vos principes vous interdisent de les garder et que vous feriez du bien au monde entier en vous séparant d'elles. Dans tout ce que je viens de dire, y a-t-il une seule syllabe qui ne soit vraie ? Quand bien même les trois quarts en seraient faux, la conclusion serait toujours la même. Surmontez les préjugés et les passions, le jeu en vaut la peine. Ne laissez pas même vos vertus vous opposer les uns les autres ; maintenez l'honneur dans ses limites ; ne rejetez pas les décisions de justice, sous prétexte qu'elles seraient dictées par la prudence.

En conclusion, si la haine est la passion qui vous domine et la satisfaction de celle-ci votre objectif, vous vous accrocherez encore à vos colonies. Si le bonheur de l'humanité est votre but et la déclaration des droits de l'Homme votre guide, vous leur rendrez leur liberté. Le plus tôt sera le mieux ; vous n'aurez qu'un seul mot à prononcer, et par ce mot, vous vous couvrirez de la gloire plus pure.

Finis

Post-scriptum, du 24 juin 1829[21].

Un argument supplémentaire qui n'a pas été mis en avant par l'auteur lors de la rédaction de son tract est fourni par la prise en compte de la quantité de *biens* qui font l'objet de corruption, par le biais du *favoritisme*.

En tant que citoyen britannique et irlandais, l'auteur est ainsi confirmé dans ses opinions et, partant, dans ses mêmes voeux. Mais, en tant que citoyen de l'Empire britannique, qui compte déjà sous son gouvernement les soixante millions d'habitants des Indes britanniques, et les quarante millions susceptibles de l'être dans les territoires limitrophes, sans parler des cent cinquante millions, selon certains, ou des trois cent millions, comme l'affirment les Russes, de l'empire voisin de Chine, ses opinions et ses voeux conséquents sont inverses. Il en est de même en ce qui concerne la colonisation de l'Australie, surtout si le récit donné de la tentative de colonisation de la Swan River relaté dans le Quarterly Review du mois d'avril 1829 et dans celui du Morning Chronicle du 26 avril 1829, est exact. En ce qui concerne l'Australie, il est à ses yeux hautement probable que, bien avant la fin de ce siècle, les colonies de peuplement de ce pays vaste et lointain se seront toutes émancipées, remplaçant le gouvernement de dépendance de la monarchie anglaise par une démocratie représentative.

Le dilemme relatif à un territoire lointain est le suivant : en considérant comme irrecevable l'appel (au sens juridique), vous établissez de facto l'*indépendance*, à moins que votre gouvernement là-bas ne soit que purement militaire ; en considérant l'appel recevable, vous soumettez ainsi le grand nombre de ceux qui ne peuvent se permettre de payer des frais d'appel, à devenir les esclaves d'un nombre relativement restreint d'hommes qui le peuvent.

Dans la plupart des copies qui ont été distribuées ici et là sous forme de cadeaux, se trouvait le mémorandum suivant, inséré dans le manuscrit au bas de la première page, sous la forme d'une note accompagnant le titre.

« Anno 1793, écrit juste avant le départ de M. Talleyrand, à l'occasion de la rupture entre la France et l'Angleterre. Copie remise au secrétaire de Talleyrand, Gallois, qui a parlé de la traduire. »

ENGLISH TEXT

EMANCIPATE

YOUR COLONIES !

ADDRESSED TO THE

NATIONAL CONVENTION OF FRANCE,
A° 1793,

SHOWING THE USELESSNESS AND
MISCHIEVOUSNESS
OF DISTANT DEPENDENCIES TO AN
EUROPEAN STATE.

BY JEREMY BENTHAM.

NOW FIRST PUBLISHED FOR SALE.

LONDON:
PRINTED BY C. AND W. REYMELL, BROAD STREET,
FOR ROBERT HEWARD,
WELLINGTON STREET.

1830.
[PRICE TWO SHILLINGS.]

FOREWORD

In this tract, this call, this exhortation, Bentham argues on three points : economics, politics, and law. Utilitarianism obliges, the part in which he demonstrates the object of his speech is the longest, and the most difficult to understand. It must be said that Bentham sometimes appears hermetic and does not burden his writings with prejudices or ready-made ideas ; this present speech does not suffer from exceptions without coherence. It is a call for new ideas on slavery, freedom, democracy, human rights, but always in osmosis with their social utility in a free market economy.

Although this text is little known in France to which it is addressed, however, it is nevertheless a masterpiece of argumentation ; Bentham wrote in English, perhaps to stay international, modernly said, but he could have written in French ; one can make a hypothesis on this point: this speech can also be addressed to the British, to the english deputies, who are here castigated in some parts.

Nielrow

Jeremy Bentham to the National Convention of France

Your predecessors made me a French Citizen[1] ; hear me speak like one. War thickens round you[2] : I will show you a vast ressource : EMANCIPATE YOUR COLONIES. You start. Hear and you will be reconciled. I say again, Emancipate your Colonies. Justice, consistency, policy, economy, honour, generosity, all demand it of you ; all this you shall see. Conquer, you are still but running the race of vulgar ambition ; emancipate, you strike out a new path to glory. Conquer, it is by your armies ; emancipate, the conquest is your own, and made over yourselves. To give freedom at the expense of others, is but conquest in disguise ; to rise superior to conquerors, the sacrifice must be your own. Reasons you will not find wanting, if you will hear them ; some more pressing than you might wish. What is least pleasant among them may pay you best for hearing it. Were it ever so unpleasant, better hear it while it is yet time, than when it is too late, and from one friend, than from a host of enemies. If you are kings, you will hear nothing but flattery; if you are republicans, you will bear rugged truths.

I begin with justice : it stands foremost in your thoughts. And are you yet to learn, that on this ground the question is already judged ? That you at least have judged it, and given judgment against yourselves ? You abhor tyranny ; you abhor it in the lump not less than in detail ; you abhor the subjection of one nation to another : you call it slavery. You gave sentence in the case of Britain against her colonies ; have you so soon forgot that sentence ? have you so soon forgot the school in which you served your apprenticeship to freedom[3] ?

You choose your own government ; why are not other people to choose theirs ? Do you seriously mean to govern the world, and do you call that liberty ? What is become of the rights of men ? Are you the only men who have rights ? Alas ! my fellow citizens, have you two measures ?

« Oh! but they are but a part of the empire, and a part must be governed by the whole. » Part of the empire, say you ? Yes, in point of fact, they certainly are, or at least were. Yes, so was New-York a part of the British empire, while the British army garrisoned it ; so were Longwy and Verdun[4] parts of the Prussian or the Austrian empire t'other day. That you have, or at least had *possession* of them, is out of dispute ; the question is, whether you now ought to have it ?

Yes, you have, or had it ; but whence came it to you ? Whence, but from the hand of despotism. Think how you have dealt by them. One common Bastille inclosed them and you. You knock down the jailor, you let yourselves out, you keep them in, and put yourselves into his place. You destroy the criminal, and you reap the profit, I mean always what seems to you profit, of the crime.

« Oh, but they will send deputies ; and those deputies will govern us, as much as we govern them. » Illusion ! What is that but doubling the mischief, instead of lessening it ? To give yourselves a pretence for governing a million or two of strangers, you admit half a dozen. To govern a million or two of people you don't care about, you admit half a dozen people who don't care about you. To govern a set of people whose business you know nothing about, you encumber yourselves with half a dozen starers who know nothing about yours. Is this fraternity ? Is this liberty and equality ? Open domination would be a less grievance. Were I an American, I had rather not be represented at all, than represented thus. If tyranny must come, let it come without a mask. « Oh, but information. » True, it must be had ; but to give information, must a man possess a vote ?

Frenchmen, how would you like a parliament of ours to govern you, you sending six members to it ? London is not a third part so far from Paris as London from the Orkneys, or Paris from Perpignan. You start. Think then, what may be the feelings of the colonists. Are they Frenchmen ? They will feel like Frenchmen. Are they not Frenchmen ? Then where is your right to govern them ?

Is equality what you want ? I will tell you how to make it. As often as France sends commissaries with fleets and armies to govern the colonies, let the colonies send commissaries with equal fleets and armies to govern France.

What are a thousand such pleas to the purpose ? Let us leave imagination, and consult feelings. Is it for their advantage to be governed by you rather than by themselves ? Is it for your advantage to govern them rather than leave them to themselves ?

Is it then for their advantage to be governed by a people who never know, nor ever can know, either their inclinations or their wants ? What is it you ever can know about them ? The wishes they entertain ? The wants they labour under ? No such thing ; but the wishes they entertained, the wants they laboured under, two months ago ; wishes that may have changed, and for the best reasons ; wants that may have been relieved, or become unrelievable. Do they apply to you for justice ? Truth is unattainable for want of evidence. You get not a tenth part, perhaps, of the witnesses you ought to have, and those perhaps only on one side. Do they ask succours of you ? You put yourselves to immense expense. You fit out an armament, and when it arrives, it finds nothing to be done ; the party to whom you send it are either conquerors or conquered. Do they want subsistence ? Before your supply reaches them, they are starved. No negligence could put them in a situation so helpless as that in which, so long as they continue dependent on you, the nature of things has fixed them, in spite of all your solicitude.

Solicitude, did I say ? How can they expect any such thing ? What care you, or what can you care, about them ? What do you know about them ? What picture can you so much as form to yourselves of the country ? What conception can you frame to yourselves of manners and modes of life so different from your own ? When will you ever see them ? when will they ever see you ? If they suffer, will their cries ever wound your ears ? will their wretchedness ever meet your eyes ? What time have you to think about them ? Pressed by so many important objects that are at your door, how uninteresting will be the tale that comes from St. Domingo or Martinico[5] ?

What is it you want to govern them for ? What, but to monopolize and cramp their trade ? What is it they can want you to govern them for ? Defence ? Their only danger is from you.

Do they like to be governed by you ? Ask them, and you will know. Yet why ask them, as if you did not know ? They may be better pleased to be governed by you than by anybody else ; but is it possible they should not be still better pleased to be governed by themselves ? A minority among them might choose rather to be governed by you than by their antagonists, the majority ; but is it for you to protect minorities ? A majority, which did not feel itself so strong as it could wish, might wish to borrow a little strength of you ; but for the loan of a moment, would you exact a perpetual annuity of servitude ?

« Oh, but they are aristocrats. » Are they so ? Then I am sure you have no right to govern them ; then I am sure it is not their interest to be governed by you ; then I am sure it is not your interest to govern them. Are they aristocrats ? They hate you. Are they aristocrats ? You hate them. For what would you wish to govern a people who hate you ? Will they hate you the less for governing them ? Are a people the happier for being governed by those they hate ? If so, send for the duke of Brunswick, and seat him on your throne. For what can you wish to govern a people whom you hate ? Is it for the pleasure of making them miserable ? Is not this copying the Fredericks and the Francises[6] ? Is not this being aristocrats, and aristocrats with a vengeance ?

But why deal in suppositions and put cases ? Two colonies, Martinico and Guadalupe, have already pronounced the separation. Has that satisfied you ? I am afraid rather it has irritated you. They have shaken off the yoke ; and you have decreed an armament to fasten it on again. You are playing over again our old game. Democrats in Europe, you are aristocrats in America. What is this to end in ? If you will not be good citizens and good Frenchmen, be good neighbours and good allies. When you have conquered Martinico and Guadalupe, conquer the United States, and give them back to Britain.

« Oh, but the Capets will get hold of them. » So much the better. Why not let the Capets go to America ? Europe would then be rid of them. Are they bad neighbours ? Rejoice that they are at a distance. Why should not the Capets even reign, since there are those that choose to be governed by them ? Why should not even the Capets reign, while it is in another hemisphere ? Such aristocrats as you do not kill, you yourselves talk of transporting. What do you mean to make of them when transported ? Slaves ? If you must have slaves, keep them rather at home, where they will be more out-numbered by freeman, and kept in better order. If you mean they should be transported without being enslaved, why not let them transport themselves ?

Does your delicacy forbid your communicating with the degraded despots ? You need not communicate with them ; your communication is with the people. You take the people as you find them ; you give them to give themselves to anybody else, it is their doing ; you neither need, nor ought to have any concern in it.

« Oh, but the good citizens ! what will become of the good citizens ? » What will become of them ? Their fate depends upon yourselves. Give up your dominion, you may save them ; fight for it, you destroy them. Secure, if you can do it without force, a fair emission of the wishes of all the citizens ; if what you call the good citizens are the majority, they will govern ; if a minority, they neither will nor ought to govern ; but you may give them safety if you please. This you may do for them at any rate, whether those in whose hands you find them submit to collect the sense of the majority or refuse it. Conclude not, that if you cease to maintain tyranny, you have no power to insure justice. Think not, that those who resist oppression must be deaf to kindness. Set the example of justice ; you who, if you preferred destruction, might use force, set the example of justice : the most perverse will be ashamed not to follow it. How different are the same words from a tyrant and from a benefactor ! Abhorrence and suspicion poison them in the one case ; love and confidence sweeten them in the other.

Would you see your justice shine with unrivalled lustre ? Call in commissaries from some other nation, and add them to your own. Do this ; do it of your own accord ; it will be certain you can mean nothing but justice. The cool and unbiassed sentiments of these strangers will be a guide to the judgment, and a check upon the affections, of your own delegates. They will be pledges and evidence, to you and to the world, of the probity of their colleagues. Think not that I mean to propose to you to crouch to the insolence of armed mediation, or to adopt the abominations of the guaranteeing system ; think not that I am for acting over again the tragedies of Poland, Holland, or Geneva[7]. The business to be settled is not constitution but administration ; not perpetual law but temporary arrangement. The mediators come only because you bid them, and they come unarmed.

Thus you may save the good citizens, for you may save everybody. Keep to the plan of domination, you save nobody. The first victims are the very persons you are so solicitous to save ; so at least it is in two great islands, for there they are already overpowered[8]. Then comes your armament, with double destruction at its heels : if it is repulsed, you are disappointed and disgraced ; if it conquers, then come beheadings and confiscations. Such are the two plans. Which, then, do you choose ? Universal safety, or reciprocal destruction ? Abhorrence, or admiration ? The curses of your friends, or the benedictions of your enemies ?

But suppose the colonists unanimous, and unanimous in your favour, ought you even then to keep them ? By no means, they are a million or two ; you are five or six-and twenty millions. Think not, that because I mentioned them first, it is for their sake in the first place that I wish to see them free. No. It is the mischief you do yourselves by maintaining this unnatural domination ; it is the mischief to the six-and-twenty millions that occupies a much higher place in my thoughts.

What if colonies, as they are called, are worth nothing to you ? What if they are worth less than nothing ? If you prefer injustice (pardon me the supposition), are you so fond of it as to commit it to your own loss ?

What, then, should they be worth to you, but by yielding a surplus of revenue, beyond what is necessary for their own maintenance and defence ? Do you, can you, get any such surplus from them ? If you do, you plunder them, and violate your own principles. But you neither do, nor ever have done, nor in tend to do, nor ever can do, any such thing.

The expense of the peace establishment you may know ; and I much question whether any revenue you can draw from them can so much as equal that expense. But the expense of defence in time of war you do not know, nor ever can know. It is no less than the expense of a navy capable of overawing that of Britain.

« Oh, but the produce of our colonies is worth so many millions a-year ; it has been, and when quiet is restored will be again ; all this, if we were to give up our colonies, we should lose. » Illusion ! The income of your colonies your income ? Just as much as that of Britain is your income. Have colonists, then, no properties ? If they are theirs, how are they yours ? Are they theirs and yours at the same time ? Impossible. If out of a hundred millions they spend or lay up a hundred millions, pray how much is there left for you ? Can you take a penny of that income more than they choose to give you ? Or would you, if you could ? We have no such pretension, unless it be over conquered colonies, in our land of what you call imperfect liberty.

« Oh, but of this income of theirs, a great part centres here ; it comes to buy our goods, it constitutes a great part of our trade, all this at least we should lose. » Another illusion ! Must you govern a people in order to sell your goods to them ? Is there that people upon earth who do not buy goods of you ? You sell goods to Britain, don't you ? And do you govern Britain ? When a colonist sends you sugar, does he give it you for nothing ? Does not he make you give him value for it ? Give value for it then, and you will have it still. When he is his own master, will the sugar he cannot use be less a burthen to him than it is now ? Will he be less in want of whatever it is he now buys with sugar ? What you now sell to him, suppose you were to sell it to him no longer, would you be the poorer ? Is there nobody else that would buy it ? Is it worth nothing ? What is it to you to whom you sell your goods ? When do you know beforehand whether it is John or Thomas that will buy, or that will consume your goods ? And if you did, what would you be the better ? Are you then really afraid of not finding any thing to produce that shall find purchasers ? Is it that what you can find to sell is worth nothing, and what you want to buy worth everything ? If such be your danger, what is your colonist's ? What you want of him is luxury ; what he wants of you is existence. Suppose he gets the article, whatever it be, corn or anything ; suppose he gets it for the moment from some other shop instead of yours. Is there a grain the more corn in the world to sell in consequence of this change of his, or a single mouth the less that wants corn, and has money or money's worth to give for it ? By buying at that other shop, does not he empty that shop of so much corn, which some other customer, who would otherwise have got it at that shop, must now directly or indirectly get of you ?

I will tell you a great and important, though too much neglected truth : TRADE is the child of CAPITAL. In proportion to the quantity of capital a country has at its disposal, will, in every country, be the quantity of its trade. While you have no more capital employed in trade than you have, all the power on earth cannot give you more trade ; while you have the capital you have, all the power upon earth cannot prevent your having the trade you have. It may take one shape or another shape ; it may give you more foreign goods to consume, or more home goods ; it may give you more of one sort of goods, or more of another ; but the quantity and value of the goods of all sorts it gives you will always be the same, without any difference which it is possible to ascertain, or worth while to think about. I am a merchant, I have a capital of £10,000 in trade. Suppose the whole Spanish West Indies laid open to me ; could I carry on more trade with my £10,000 than I do now ? Suppose the French West Indies shut against me ; would my £10,000 be worth nothing ? If every foreign market were shut up against me with out exception, even then would my £10,000 be worth nothing ? If there were no sugar to be bought, there is at any rate land to be improved. If a hundred pounds worth of sugar be more valuable than a hundred pounds worth of corn, butcher's meat, wine, or oil, still corn, butcher's meat, wine, and oil, are not absolutely without their value. If, article after article, you were driven out of every article of your foreign trade, the worst that could happen to you would be the being reduced to lay out so much more than other. wise you would have laid out in the improvement of your land. The supposition is imaginary and impossible, but if it were true, is there anything in it so horrible ?

Yes, it is *quantity of capital*, not *extent of market*, that determines the quantity of trade. Open a new market, you do not, unless by accident, increase the sum of trade. Shut up an old market, you do not, unless by accident, or for the moment, diminish the sum of trade. In what case, then, is the sum of trade increased by a new market ? If the rate of clear profit upon the capital employed in the new trade is greater than it would have been in any old one, and not otherwise. But the existence of this extra profit is always taken for granted, never proved. It may indeed be true by accident ; but another thing is taken for granted which is never true ; it is, that the whole of the profit made upon the capital which, instead of being employed in some old trade, is employed in this new one, is so much addition to the sum of national profit that would otherwise have been made ; what is only *transferred* is considered as *created*. If after making 12 per cent. upon a capital of £10,000 in an old trade, a man made but 10 per cent, upon the same capital in a new trade, who does not see, that instead of gaining £1200 a-year, he, and through him the nation he belongs to, loses £200 by the change ; and so it is, if instead of one such merchant, there were a hundred. Instead of this £200 a-year loss, your *comités de commerce* and boards of trade set down to the national account £1000 a-year gain, especially if it be to a very distant and little known part of the world, such as a southern whale-fishery, a revolted Spanish colony, or a Nootka Sound ; and it is well if they do not set down the whole capital of £10,000 as gain into the bargain.

« Oh, but we give ourselves a monopoly of their produce, and so we get it cheaper than we should otherwise, and so we make them pay us for governing them. » Not you, indeed, not a penny ; the attempt is iniquitous, and the profit an illusion.

The attempt, I say, is iniquitous : it is an aristocratical abomination ; it is a cluster of aristocratical abominations ; it is iniquitous towards them ; but much more as among yourselves.

Abomination the 1st. Liberty, property, and equality violated on the part of a large class of citizens (the colonists) by preventing them from carrying their goods to the markets which it is supposed would be most advantageous to them, and thence keeping from them so much as it is supposed they would otherwise acquire.

Abomination 2d. One part of a nation (the people of France) taxed to raise money to maintain by force the restraints so imposed upon another part of the nation (the colonists).

Abomination 3d. The poor, who after all are unable to buy sugar, the poor in France, taxed in order to pay the rich for eating it. Necessaries abridged for the support of luxury. The burthen falls upon the rich and poor in common ; the benefit is shared exclusively by the rich.

The injustice is not such in appearance only : as it would be, if what is thus taken or meant to be taken from the colonists went to make revenue ; it would then be only a mode of taxation. In France (it might then be said) people are taxed one way, in the colonies another ; the only question would then be about the eligibility of the mode. But revenue is here out of the case ; nothing goes to the nation in common ; everything goes to individuals : if it is a tax, it is a tax the produce of which is squandered away before collection ; it is a tax the produce of which, instead of being gathered into the treasury, is given away to sugar-eaters.

But even as to sugar-eaters, the profit, I say, is an illusion. For does the monopoly you give yourselves against the growers of sugar so much as keep the price of sugar lower than it would be otherwise ? Not a sixpence. Lower than the price at which the commodity is kept by the average rate of profit on trade in general, no monopoly can reduce the price of this commodity any more than of any other, for any length of time ; you may keep your subjects from selling their sugars elsewhere, but you cannot force them to raise it for you at a loss. Lower than this natural price, no monopoly can ever keep it ; down to this price, natural competition can not fail to reduce it, sooner or later, without monopoly. Customers remaining as they were, without increase of the number of traders there can be no reduction of price. Monopoly, that is, exclusion of customers, has certainly no tendency to produce increase of the number of traders : it may pinch the profits of those whom it first falls upon, but that is not the way to invite others. Monopoly, accord ingly, as far as it does anything, produces mischief without remedy. High prices, on the other hand, the mischief against which monopoly is employed as a remedy, high prices, produced by competition among customers, cannot in any degree produce inconvenience, without laying a proportionate foundation for the cure. From high profits in trade comes influx of traders, from influx of traders competition among traders, from competition among traders reduction of prices, till the rate of profit in the trade in question is brought down to the same level as in others.

Were it possible for monopoly to keep prices lower than they would be otherwise, would it be possible for anybody to tell how much lower, and how many sixpences a-year were saved to sugar-eaters by so many millions imposed upon the people ? No, never for since, where the monopoly subsists against the producers, there is nothing but the monopoly to prevent accession of, and competition among the producers, competition runs along with the monopoly, and to prove that any part of the effect is produced by the monopoly and not by the competition, is impossible.

« Oh, but we have not done with them yet. We give ourselves another monopoly, we give ourselves the monopoly of their custom, and so we make them buy things dearer of us than they would otherwise, besides buying things of us which otherwise they would buy of other people ; and so we make them pay us for governing them. » Mere illusion ! In the articles which you can make better and cheaper than foreigners can, which you can furnish them with upon better terms than foreigners can, not a penny do you get in consequence of the monopoly, more than you would without it. You prevent their buying their goods of any body but your own people : true ; but what does this signify ? You do not force them to buy of any one or more of your own people to the exclusion of the rest. Your own people, then, have still the faculty of underselling one another without stint, and they have the same inducement to exercise that faculty under the monopoly, as they would have without it. It is still the competition that sets the price. In this case as in the other, the monopoly is a chip in porridge. It is still the proportion of the profit of these branches of trade to the average rate of profit in trade that regulates this competition ; it is still the quantity of the capital which there is to be employed in trade that regulates the average rate of profit in trade.

In the instance of such articles as you can not make better or cheaper than foreigners can, in the instance of articles which you can not furnish them with on better terms than foreigners can, it is still the same illusion, though perhaps not quite so transparent. Not a penny does the nation get (I mean the total number of individuals concerned in productive industry of all kinds) not a penny does the nation get by this preference of bad articles to good ones, more than it would otherwise. In France, any more than anywhere else, people do not get more by the goods they produce than if there were no such monopoly ; for if the rate of profit in the articles thus favoured were higher one moment, competition would pull it down the next. All that results from the monopoly you thus give yourselves of the custom of your colonies is, that goods of all sorts are somewhat worse for the money all over the world than they would be otherwise. People in France are engaged to produce, for the consumption of the French colonies, goods in which they succeed not so well as England for example, instead of producing for their own con-sumption, or that of some other nation, goods in which they succeed better than England. People in England, on the other hand, being so far kept from producing the goods they could have succeeded best in, are in so far turned aside to the production of goods in which they do not succeed so well ; and thus it is all the world over. The happiness of mankind is not much impaired, perhaps, by the difference between wearing goods of one pattern, and goods of another ; but though much is not lost perhaps to anybody by the arrangement, what is certain is, that nothing is gained by it to anybody, and particularly to France.

Will you believe experience ? Turn to the United States. Before the separation, Britain had the monopoly of their trade ; upon the separation, of course she lost it. How much less is their trade with Britain now than then ? On the contrary, it is much greater.

All this while, is not the monopoly against the colonists clogged with a counter-monopoly ? To make amends to the colonists for their being excluded from other markets, are not the people in France forbidden to take colony produce from other colonies, though they could get it ever so much cheaper ? If so, would not the benefit to France, if there were any, from the supposed gainful monopoly, be outweighed by the burthen of that which is acknowledged to be burthensome ? Yes, the benefit is imaginary, and it is clogged with a burthen which is real.

Monopoly, therefore, and counter-monopoly taken together, sugar must come the dearer to sugar-eaters, instead of cheaper, to a certain degree for a constancy ; and much more occasionally, when the dearness occasioned by a failure of crops in the French colonies, is by the counter-monopoly against France prevented from being relieved by imports from other colonies, where crops have been more favourable.

If monopoly favoured cheapness, which it does not, it would favour it to the neglect of another object, steadiness of price, which is of more importance. It is not a man's not having sugar to eat that distresses him : Croesus, Apicius, Heliogabalus[9], had no sugar to eat ; what distresses a man is his not being able to get what he has been used to, or not so much of it as he has been used to. The monopoly against the French colonies, were it to contribute ever so much to the cheapness of the price, could contribute nothing to the steadiness of it ; on the contrary, in consequence of the counter-monopoly it is clogged with, its tendency is to perpetuate the opposite inconvenience, variation. Any monopoly which France gives herself against her colonies will not prevent any of those accidents in consequence of which sugar is produced in less abundance in those colonies than at others; and when it is scarce there, the monopoly against France will prevent France from getting from other places where it is to be had cheaper.

How much dearer is sugar in countries which have no colonies than in those which have ? Let those inquire who think it worth the while. They will then see the utmost which in any supposition it would be possible for the body of sugar-eaters in France to lose. Not that this loss could amount to any thing like the above difference ; for, in as far as those countries get their sugar from monopolized colonies, which must be through the medium of some monopolizing country, they get it loaded with the occasional dearth produced thus by the effects of the counter-monopoly above mentioned, and loaded more or less with constant import taxes, besides the expense of circuitous freight and multiplied merchant's profit.

May not monopoly, then, force down prices ? Most certainly. Will it not, then, keep them down ? By no means. If I have goods I can make no use of, and there is but one man in the world that I can sell them to, sooner than not sell them, though they cost me a hundred pounds to make, I will sell them for sixpence. Thus monopoly will beat down prices. But shall I go on making them and selling them at that rate ? Not if I am in my senses. Thus monopoly will not keep down prices. Hence then comes all the error in favour of monopolies, from not attending to the difference between forcing down prices and keeping them down.

When an article is dear, it is by no means a matter of indifference whether it is made so by freedom or by force. Dearth which is natural, is a misfortune ; dearth which is created, is a grievance. Suffering takes quite a different colour, when the sense of oppression is mixed with it. Even if the effect of a monopoly is nothing, its inefficiency as a remedy does not take away its malignity as a grievance.

What then do you get by the monopolizing system, take it altogether ? You get the credit of this grievance ; you get occasional dearth ; you get the loss you are at by the armaments you keep up against smuggling ; you get the expense of prosecution, and the waste and misery attendant upon fine and confiscation.

« Oh, but the duties upon the colony trade produce revenue to us. » I dare say they do ; and what then ? Must you govern a country in order to tax your trade with it ? Is there that country that does not produce revenue to you ? You tax your trade with Britain don't you ? and do you govern Britain ? You tax British goods as high as smuggling will permit ; could you tax them higher if they came from the colonies ? Would you if you could ? Would you tax your own subjects higher than you would strangers ?

I will show you how you *may* get revenue out of them ; I will show you the way, and the only way in which, if you choose iniquity, you may make it profitable. Tax none of their produce, tax none of your imports from them ; of all such taxes, every penny is paid by yourselves. Tax your exports to them ; tax all your exports to them ; tax them as high as smuggling will admit ; of all such taxes, every penny is paid by them.

I will show you how much more you could get in this way from them than from foreigners. You could not, it must be confessed, get, unless by accident, more per cent, on what they took from you, that on what foreigners took from you ; for muggling, which limits the rate per cent, you could thus levy upon foreigners, limits in like manner the rate per cent you could levy upon your vassals. Remote countries like the colonies might indeed afford less facility for smuggling out of France than contiguous countries, and so, the expense of smuggling being the greater, the tax would admit of being set higher without having the productiveness of it destroyed by smuggling ; but whatever latitude is thus given, is given, you see, not by alienship but by distance.

You could not, I say, get more per cent. in this way from your vassals, as such, than if they were foreigners ; but what you could get from them, is that same *rate* of profit, with greater certainty as to the *extent* of it. Foreigners might quit your market at any time ; and would quit it, if, after the tax thus levied upon them, they could not get the goods they want, upon as good terms from you as elsewhere. Your own vassals could not quit your market, except in as far as smuggling would enable them ; for by the supposition they have no other. Upon foreigners the tax is an experiment, and what you risk by the experiment is, the temporary distress to individuals proportioned to the decrease, whatever it be, of that branch of trade ; for as to the absolute sum of trade, or, to speak more distinctly, of national wealth, it suffers nothing, as you have seen, beyond the amount of the relative and momentary decrease ; so that the whole produce of this tax is so much clear gain to the revenue, for which nothing is paid, or so much as risked, beyond the above mentioned momentary and contingent distress to individual traders. Upon your own vassals there is nothing for experiment to as certain ; you have them in a jail, and you set what price you please on their existence ; only you must keep the door well locked, and if the jail be a large one, this may be no such easy matter. In Guadalupe, Martinico, and St. Domingo, what could the expense amount to the prisoners all refractory, and making holes and beating down doors and walls, at every opportunity, with people on the outside to help them ? Let those calculate who may think it worth their while.

In all this there are no figures. Why ? Because nothing turns upon figures. Figures might show what the incomes of your colonists amount to ; and what the incomes of your colonists amount to is nothing to you, for they are their *incomes*, and not yours. Figures might show the amount of your *imports* from your colonies ; and it makes nothing to the question ; for they do not sell it you without being paid for it, and they would not be the less glad to be paid for it for being free. Figures might show the produce of your *taxes* on those *imports* ; and it makes nothing to the question, for you might get it equally whether the producers of those articles were dependent or independent, and it is your own people at home that pay it. Figures might show, what you sold in the way of *exports* to your colonists in this and that shape : and it makes nothing to the question ; for con-sumption, not sale, is the final use of production, and if you did not sell it in that shape, you would sell it or consume it in another. Figures might show you the amount of the *taxes* you levy on those *exports* ; and nothing turns upon that amount ; for if the price of the article will bear the amount of the tax without the help of such a monopoly as subjection only can insure, you may get it from them when independent as well as from other foreigners, and if it will not, neither will they bear to see it raised so high, nor will you bear to raise it so high, as to pay the expense of a marine capable of blocking up all their ports, and defending so many vast and distant countries against the rival powers, with the inhabitants on their side.

« Oh, but they are a great part of our power. » Say rather, *the whole of your weakness*. In your own natural body, you are impregnable ; in those unnatural excrescences, you are vulnerable. Are you attacked at home ? Not a man can you ever get from them ; not a sixpence. Are they attacked ? they draw upon you for fleets and armies.

If you were resolved to keep them, could you ? It may be worth your consideration. Is it not matter of some doubt, even now when you have them to defend only against themselves ; can there be a moment's doubt, when the power of Britain is thrown into the scale ? Five men of war, I think, or some such matter, you have ordered out to defend them against one another. Ask your minister of the marine, can he spare fifty more to defend them against their protectors ? Fifteen thousand are bound for Martinico to fight aristocrats ; ask your war-minister whether Custine[10] can spare 30,000 more of his best men to fight Britons.

Do not feed yourselves with illusions.You cannot be everywhere ; you cannot do everything. Your resources, great as they are, have still their limits. The land is yours. But do you think it possible for you to keep it so, and the sea likewise ? The land against every body, and at the same time the sea against Britain ? Look back a little. Could Spain, Holland, and America together, save you from the 10th of April[11] ? How will it be now ? America is neutral. Spain and Holland are against you. Send as many ships as you can, England alone can send double the number, and if that be not sufficient, treble.

« Oh, but times are changed. » I dare believe it. What superior bravery can do will be done. But how little does that amount to on such an element ? Can bravery keep a ship from sinking ? With skill anything like equal, can any possible difference in point of bravery make up for the difference between two and one ?

Consider a little : a ship is not a town, that you can bombard it with orators, and decrees for the encouragement of desertion, and declarations of the rights of men ; a ship is not a town, out of which the lukewarm can slip away, or into which a few friends can give you admittance. You are brave ; but neither are English seamen remarkably deficient in point of bravery. If you have your lights, they have their prejudices ; they may find it not so easy as you may think to comprehend the doctrine of forced liberty ; they may prefer a made constitution which gives tranquillity, to an unmade one under which security is yet to come ; they may question the right of the thousands who address you, to answer for the millions who are bid to abhor you ; they may prefer the *George*[12] whom they know, to a *Frost* whom they never heard of. Hear a paradox, it is a true one : give up your colonies, they are yours ; keep them, they are ours. This is what I most tremble at ; excuse me, I am an Englishman, it touches me the most nearly.

« Oh, but the people of Bourdeaux[13]. » Well, what of the people of Bourdeaux ? Are the passions of one town to set at nought the interest of the whole nation? Are justice, prosperity, possibility, to be fought with for their sake ? Think more honourably of their patriotism. Address them, enlighten them, persuade them ; and if you find a difficulty in bridling that speck on your own continent, think whether you will find it easier to master so many vast and distant islands, with Britain on their side.

To yield to justice is what must happen to the mightiest and proudest nations. Disgrace or honour follows, according to the mode. Britain yielded to America ; Britain yielded to Ireland. On which occasion was her dignity best preserved ?

Sitting where you do, call it not *courage* to drive on in the track of war and violence.

There is nothing in such courage that is not compatible with the basest cowardice. The passions you gratify are your own passions ; but the blood you shed is the blood of your fellow-citizens.

Who can say what it costs you at present to guard colonies ? Who can say what you might save by parting with them ? I should be afraid to say it : almost the whole of your marine ? What do you keep a marine for but to guard colonies ? Whom have you to fear but the English ? and why, but for your colonies ? To defend your trade, say you ? Do us justice, we are not pirates. We should not meddle with your merchantmen, if you had not a single frigate ; we should not invade your coasts, if you had not a single fort. We have ambition and injustice enough, but it does not show itself in that shape. Do we hurt the trade of Denmark, Sweden, Naples, any of the inferior powers ? Never, except they carry your trade for you, when you are at war with us for colonies. What do I say ? If we ourselves have a marine, it is not for trade, it is for colonies ; it is because some of us long to take your colonies, all of us fear your taking ours.

Is consistency worth preserving ? Is your boasted conquest-abjuring decree[14], that decree which might indeed be boasted of if it were kept, is that most beneficial of all laws to be anything better than waste paper ? The letter, I fear, has been long broken ; the spirit of it may be yet restored, and restored with added lustre. Set free your colonies, then everything is as it should be. You may say : « We incorporated Savoy and Avignon[15], because it was their wish to join us ; we part with our distant brethren, because like us they choose to be governed by themselves. Mutual convenience sanctioned our compliance with the wishes of our foreign neighbours ; mutual inconvenience, the result of un-natural conjunction, mutual inconvenience, as soon as it was understood, made us follow, and even anticipate the wishes of our distant fellow-citizens. Reduction of the expenses of defence was the inducement to our union with those whom we either bordered on or inclosed ; the same advantage, but in a much superior degree, rewards us for the respect we show to the wishes and interests of the inhabitants of another hemisphere. To neutral powers we give much cause for satisfaction, none for jealousy. Our acquisitions are two small provinces ; our sacrifices are besides continental settlements in every quarter of the globe, a multitude of islands, the least of them capable of holding both our acquisitions. » Were such your language, every thing would be explained, everything set to rights. While you take what suits you, keeping what does not suit you, you aspire openly to universal domination. With fraternity in your lips, you declare war against mankind. Shake off your splendid incumbrances, the sins of your youth are atoned for, and your character for truth, probity, moderation, and philanthropy built on everlasting ground.

In the event of a rupture with Spain[16], you have designs, I think, in favour of her colonies. With what view ? To keep them ? Say so boldly, and acknowledge yourselves worthy successors of Louis XIV. To give them independence ? Why not give it then where it is already in your power to give it ? Will you put your constituents to an immense expense for the chance of giving liberty, and refuse it when you can give it for a certainty and for nothing. Compare the pictures : liberty without bloodshed on the one hand, bloodshed, with only a chance for liberty, on the other. Which is the best present ? Which of the two is most congenial to your taste ? Is it the bloody one? Go then to those colonists, go with liberty on your lips, and with fetters in your hands, go and hear them make this answer : « Frenchmen, we believe you intend liberty for us strangers, when we have seen you give it to your own brethren » ?

You who hold us so cheap, who look down with such contemptuous pity on our corruption, on our prejudices, on our imperfect liberty, how long will you take our example to govern you, and of all parts of it those which are least defensible ? Is it a secret to you any more than to ourselves, that they cost us much, that they yield us nothing, that our government makes us pay them for suffering it to govern them, and that all the use or purpose of this compact is to make places, and wars that breed more places ?

You who look down with so much disdain on our corruption, on our prejudices, on our imperfect liberty, how long will you submit to copy a system, in which corruption and prejudice are in league to destroy liberty ? A compact between government and its colonies, of which the mother country is the sacrifice and the dupe ?

You have seen hitherto only what is essential, collateral advantages crowd in in numbers. Saving of the time of public men, simplification of government, pre-servation of internal harmony, propagation of liberty and good government over the earth.

You are chosen by the people, you mean to be so ; you are chosen by the most numerous part, who must be the least learned, of the people. This quality, with all its advantages and disadvantages, you the children of the people, must expect more or less to take part of. Inform yourselves as you can, labour as you will, reduce your business as much as you will, you need not fear the finding it too light for you. What a mountain of arguments and calculations must you have to struggle under, if you persevere in the system of colony-holding, with its monopolies and counter monopolies ! What a cover for tyranny and peculation. Give your commissaries insufficient power, they are laughed at ; give them sufficient, your servants become dangerous to their masters. All this plague you get rid of, by the simple expedient of letting go those whom you have no right to meddle with. Cleared of all this rubbish of mischievous and false science, your laws will be free to put on their best ornament ; then, and not till then, you may see them simple as they ought to be, simple as those who sent you, simple as yourselves. Yes, citizens, your time, all the time you either have or can make, is the property of those who know you and whom you know ; you have none to bestow upon those distant strangers.

Great differences of opinion, and those attended with no little warmth, between the tolerators and proscribers of negro slavery ; emancipation throws all these heartburnings and difficulties out of doors ; it is a middle term in which all parties may agree. Keep the sugar islands, it is impossible for you to do right ; let go the negroes, you have no sugar, and the reason for keeping these colonies is at an end ; keep the negroes, you trample upon the declaration of rights, and act in the teeth of principle. Scruples must have a term ; how sugar is raised is what you need not trouble yourselves about, so long as you do not direct the raising it. Reform the world by example, you act generously and wisely ; reform the world by force, you might as well reform the moon, and the design is fit only for lunatics.

The good you do will not be confined to yourselves. It will extend to us. I do not mean to our ministry, who affront you, but to the nation, which you most wish to find your friend. No, there is no end to the good you may do to the world ; there is no end to the power that you may exercise over it. By emancipating your own colonies, you may emancipate ours ; by setting the example, you may open our eyes and force us to follow it. By reducing your own marine you may reduce our marine ; by reducing our marine, you may reduce our taxes ; by reducing our taxes, you may reduce our places ; by reducing our places, you may reduce our corruptive influence.

By emancipating our colonies, you may thus purify our parliament ; you may purify our constitution ; you must not destroy it. Excuse us, we are a slow people, and a little obstinate ; we are used to it, and it answers our purpose. You shall not destroy it ; but if purifying it in that slow way will satisfy you, we can't help your purifying it.

A word is enough for your *East India*[17] possessions. Affections apart, which are as yet unknown, whatever applies to the West Indies, applies to the East with double force. The islands present no difficulty : the population there is French ; they are ripe for self-government. There remains the continent ; you know how things are changed there ; the power of Tippoo[17] is no more. Would the tree of liberty grow there, if planted? Would the declaration of rights translate into Shanscrit ? Would *Bramin, Chetree, Bice, Sooder,* and *Hallachore*[19] meet on equal ground ? If not, you may find some difficulty in giving them to themselves. You may find yourselves reduced by mere necessity to what we should call here a practical plan. If it is determined they must have masters, you will then look out for the least bad ones that could take them ; and after all that we have heard, I question whether you would find any less bad than our English company[20]. If these merchants would give you anything for the bargain, it would be so much clear gain to you ; and not impossible but they might. You know better than to think of obtaining for the quiet possession of these provinces anything like what would be spent at the first word for the chance of taking them by force ; the pleasure of rapine, bloodshed, and de-vastation is not to be set at so low a price, but something surely they would give you. Though to you the country is a burthen, it does not follow that to them it might not be a benefit. Though even the whole of their vast possessions were a burthen to them, the burthen, instead of being increased, might be diminished by the addition : the expense of defence might be reduced ; Pondicherry might be to them what Savoy is to you.

But enough of suppositions and conjectures. How you part with the poor people who are now your slaves, is after all a subordinate consideration ; the essential thing is to get rid of them. You ought to do so if nobody would take them without being paid for it. Whatever be their rights, they have no such right as that of forcing you to govern them to your own prejudice.

« Oh, but you are a hireling ! You are a tool of your king, and of his East India company ; they have employed you to tell us a fine story, and persuade us to strip ourselves of our colonies, not being able to rob us of themselves. » O yes ! I am all that ; I have not bread to eat, and no sooner is your decree come out, than I get £50,000 from the company, and a peerage from the king. *I am a hireling* ; but will *you* then betray the interest of your constituents, because a man has been hired to show it you ? *It would be of use to England* : but are there no such things as common interests, and are you never to serve yourselves but upon condition of not serving others at the same time ? Is your love for your brethren so much weaker than your hatred of your neighbours ? *It would be of use to England ;* but are *England* and *king of England* terms so perfectly synonymous, and do you of all men think so ? *The king's interest would be served by it* ; but by knowing a man's interest, his true and lasting interest, are you always certain of his wishes ? Is consummate wisdom among the attributes of his ministers ? Have they no passions to blind, have they no prejudices to mislead them ? Are you so unable to comprehend your own interest, that it is only from the opinion of others that you can learn it, and those your enemies ? *The king of England is your enemy* ; but because he is so, will you put yourselves under his command ? Shall it be in the power of an enemy to make you do as he pleases, only by employing somebody to propose the contrary ? See what a man exposes himself to by listening to such impertinences ! *I am hired* : but are not advocates hired, as often as a question comes before a court of justice ? And is justice on either side, because men are paid on both sides ? Legislators, suffer me to give you a warning, this is not the only occasion on which it may have its use : those, if any such there be, who call attention off from the arguments that are offered to the motives of him who offers them, show how humble their conception is, either of the goodness of their cause, of the strength of their own powers, or of the solidity of your judgment, not to say of all three. If they practise upon you by suggestions so wide from reason, it is because they either fear or hope to find you incapable of being governed by it.

A word of recapitulation, and I have done. You will, I say, give up your colonies because you have no right to govern them, because they had rather not be governed by you, because it is against their interest to be governed by you, because you get nothing by governing them, because you cannot keep them, because the expense of trying to keep them would be ruinous, because your constitution would suffer by your keeping them, because your principles forbid your keeping them, and because you would do good to all the world by parting with them. In all this is there a syllable not true ? But though three-fourths of it were false, the conclusion would be still the same. Rise, then, superior to prejudice and passion ; the object is worth the labour. Suffer not even your virtues to prejudice you against each other ; keep honour within its bounds ; nor spurn the decrees of justice because confirmed by prudence.

To conclude. If hatred is your ruling passion, and the gratification of it your first object, you will still grasp your colonies. If the happiness of mankind is your object, and the declaration of rights your guide, you will set them free. The sooner the better ; it costs you but a word : and by that word you cover yourselves with the purest glory.

FINIS

Postscript, 24th June 1829[21].

An argument, that had not as yet presented itself to the view of the author when penning the accompanying tract, is furnished by the consideration of the quantity of the matter of *good*, operating to the effect of corruption, in the shape of *patronage*.

As a citizen of Great Britain and Ireland, he is thereby confirmed in the same opinions, and accordingly in the same wishes. But, as a citizen of the British Empire, including the sixty millions already under its government in British India, and the forty millions likely to be under its government in the vicinity of British India, not to speak of the one hundred and fifty millions, as some say, or three hundred millions, as the Russians say, of the contiguous Empire of China, his opinions and consequent wishes are the *reverse*. So likewise, regard being had to the colonization of Australia ; especially if the account given of the intended settlement on the Swan River in the Quarterly Review for April 1829, and from it in the Morning Chronicle of 26th April 1829, be correct, in regard to Australia, it is in his eyes preponderantly probable that, long before this century is at an end, the settlements in that vast and distant country will, all of them, have emancipated themselves, changing the government from a dependency on the English monarchy, into a representative democracy.

Dilemma, applying to a distant dependency : admit *no* appeal (judicial appeal,) you thereby, unless your government is purely military, establish *independence* : admit appeal, you thereby subject the *vast many* of those who can not afford the expense of the appeal, to slavery under the relatively few who can.

In most of the copies which, from time to time, were distributed in the way of gift, inserted in MS. at the bottom of the first page, in the form of a note to the title, was the memorandum following : « Anno 1793, written just before the departure of M. Talleyrand, on the occasion of the rupture between France and England. Copy given to Talleyrand's secretary, Gallois, who talked of translating it ».

NOTES

1.   Bentham est proclamé citoyen français le 26 août 1792.
Bentham is proclaimed a French citizen on August 26, 1792.

2.   Il s'agit de la première coalition comprenant entre autres, le Saint-Empire, la Hongrie, la Bohême, et l'Angleterre qui était continuellement en conflit plus ou moins larvé avec la France depuis plusieurs années.
This is the first coalition comprising, among others, the Holy Roman Empire, Hungary, Bohemia, and England, which has been in constant conflict with France for several years.

3.   Cette école est celle des philosophes des Lumières, principalement, Condorcet, Diderot, et Raynal.
This school is that of the Enlightenment philosophers, principally Condorcet, Diderot, and Raynal.

4.   Longwy et Verdun furent prises par le duc de Brunswick entre août et septembre 1792, et libérées après Valmy.

Longwy and Verdun were taken by the Duke of Brunswick between August and September 1792, and delivered after the battle of Valmy.

5.   Saint-Domingue connaît de violents troubles opposants les colons esclavagistes aux partisans de la révolution. La Martinique rate en même temps l'abolition de l'esclavage, décidée, votée par la métropole, mais empêchée par les troupes anglaises qui s'emparent de l'île.
St. Domingo is experiencing violent riots between settlers owners of slaves and revolutionists. At the same time, Martinique missed the abolition of slavery, decided, voted by the mainland, but prevented by the English army which seized the island.

6.   Il s'agit de Frédéric-Guillaume II pour la Prusse, et de François II pour l'Autriche, François II, Empereur des Romains, qui deviendra François 1er, Empereur d'Autriche, en 1804.
Frederick William II for Prussia, and Francis II for Austria, Francis II, Emperor of the Romans, who became Francis I, Emperor of Austria, in year 1804.

7.   La Pologne, envahie par les Russes en 1792, est abandonnée par la Prusse avec laquelle elle avait signé un traité contre-nature dans la configuration politique de l'époque. La Hollande, ou plutôt sa partie sud, dite Hollande Autrichienne, et nommée alors États Belgiques Unis, est remise à l'Autriche par le traité de Reichenbach, après sa révolution avortée. Quant à Genève, il s'agit des évènements qui ont conduit à la

Première République, abolissant le régime oligarchique et inégalitaire des castes.

Poland, invaded by the Russians in year 1792, was abandoned by Prussia, with which it had signed a treaty shortly before. Holland, or rather its southern part, also known as Austrian Holland, and then named the States Belgian United, was given to Austria by the Treaty of Reichenbach, after its aborted revolution. As for Geneva, these were the events that led to the First Republic, abolishing the oligarchic and unequal regime of castes.

8.   La Martinique et la Guadeloupe.
Martinico and Guadalupe.

9.   Crésus (500 av J.C), roi de Lydie, était réputé pour ses richesses ; Apicius (1er siècle av. J.C.), serait un gastronome romain ; Héliogabale régna sur Rome entre 218 et 222 ap. JC.
Croesus (500 BC), king of Lydia, was famous for his wealth; Apicius (1st century BC), would be a Roman gastronome; Heliogabalus ruled Rome between 218 and 222 AD.

10.   Custine est un général français qui a participé aux guerres d'Amérique. Il tomba en disgrâce à la suite d'affaires malheureuses outre-Rhin, et fut guillotiné.
Custine is a French general who participated in the American wars. He fell into disgrace following unfortunate cases in Germany, and was beheaded.

11.   Bentham fait peut-être allusion à la période d'avril 1792, prélude à l'invasion espagnole à laquelle participa Toussaint Louverture.
Bentham may be referring to the period of April 1792, a prelude to the Spanish invasion in which Toussaint Louverture participated..

12.   George III, monarque d'Angleterre et d'Irlande.
George III, king of England and Ireland.

13.   Bordeaux était un port négrier très important. Les intérêts de la ville furent évidemment mis à mal par l'abolition de l'esclavage dans les colonies. D'autre part, de nombreuses faillites de commerçants se produisirent en raison d'une grave crise financière liée aux problèmes que connaissaient les îles des Caraïbes.
Bordeaux was a very important slave trade port. The city's interests were obviously damaged by the abolition of slavery in the colonies. On the other hand, many merchant bankruptcies occurred due to a serious financial crisis related to the problems facing the Caribbean islands.

14.   L'assemblée Constituante de 1789 déclarait renoncer aux guerres de conquêtes.
The constituent assembly in year 1789 declared renounc ing the wars of conquest.

15.   Le Comtat Venaissin fut annexé en 1791. La Savoie fut rattachée à la France en 1792.
Avignon was annexed in year 1791. Savoy was annexed in year 1792.

16.   Cette rupture eu lieu aux lendemains de l'exécution de Louis XVI. L'Espagne rejoignit alors la coalition anti-française.

The rupture occured a few days after the execution of Louis XVI. Spain then joined the anti-french coalition.

17.   La France possédait alors ports et comptoirs en Inde, le principal étant Pondichéry qui était également la capitale des Indes Orientales Françaises.

France had ports and counters in India, the main one being Pondicherry which was also the capital of the French East Indies.

18.   Tippoo Sahib, Tipu Sahib, ou encore Tipu Sultan était le sultan de Mysore, opposé aux Britanniques. La bonne entente qui régnait entre Louis XVI et lui-même, lui fit croire qu'il pouvait s'attaquer à un état voisin du sien, le Travancore. Il échoua, la France n'ayant aucun moyen de lui ve,ir en aide quand le Travancore fit appel à la Compagnie des Indes Orientales anglaise. Il perdit ainsi une grande partie de son territoire.

Tippoo Sahib, Tipu Sahib, or Tipu Sultan was the Sultan of Mysore, opposed to the British. The good understanding that reigned between Louis XVI and himself made him believe that he could attack the state of Travancore, a state close to his own. He failed, France having no way of helping him when Travancore called on the English East India Company. As a result, he lost a large part of his territory.

19.   Castes indiennes
Indian castes.

20.   Il s'agit de la Compagnie des Indes Orientales anglaise, puissance commerciale, administrative et militaire en Inde.
That is the East India Company, a commercial, administrative and military power in India.

21.   L'opuscule adressé à la Convention Nationale a été augmenté de ce post sciptum par l'Éditeur Bowring qui a publié les oeuvres prétendument complètes de Bentham au milieu du XIXe siècle.
The booklet addressed to the National Convention was increased by this post scriptum by Publisher Bowring who published Bentham's (alleged) complete works in the middle of the 19th century.

Nielrow Editions
frwor@outlook.com

Louis Braille : *Nouveau procédé pour représenter...*
Charles Suisse : *Restauration du château de Dijon*
Victor Coissac : *La conquête de l'espace*
J.O.B. : *Les épées de France*
Casimir Coquilhat : *Trajectoires des fusées volantes*
Implex : *Mots croisés ; 49 défis*
Arnold Netter : *De l'argent colloïdal*
Robert de Launay : *La question des effectifs à Alésia*
Jean-Baptiste Savigny : *Radeau de la Méduse*
Beaumarchais : *Essai sur le genre dramatique*
Pierre Louis de Maupertuis : *Voyage en Laponie*
Dr Wiart : *De l'usage interne de l'eau de mer*
Corneille de Nélis : *La pierre Brunehaut*
Abbé Mann : *Dissertation sur les déluges*
John Law : *The company of Mississipi (english/french)*
Louis Braille : *The 1839 brochure (english)*
Pierre-Adolphe Piorry : *Sur le danger de la lecture des livres de médecine*
Albert de Lacouperie:The Miryeks of Korea (english/french)
Nielrow, collectif : *Makandal, rebelle des Antilles*
Erwin Lo : *Histoires du pays des francons*
Jeremy Bentham : *Emancipate your colonies (english/french)*

Nielrow édition
Dijon – 1er trimestre 2019

www.ingramcontent.com/pod-product-compliance
Lightning Source LLC
LaVergne TN
LVHW010650200726
843507LV00011B/1804